Königs Erläuterungen und Materialien
Band 27

Erläuterungen zu

William Shakespeare

Julius Cäsar

von Edgar Neis

C. Bange Verlag - Hollfeld/Ofr.

17. verbesserte Auflage 1994
ISBN 3-8044-0387-5

Druck: Beyer-Druck, Langgasse 23, Hollfeld

Inhalt

1. DATEN ZU SHAKESPEARES LEBEN UND WERK

Es ist eine traditionelle Klage, daß wir wenig über Shakespeare wissen. In Wirklichkeit hat jahrzehntelange, unermüdliche und intensive historische und philologische Forschung mehr über ihn zusammengetragen als über die meisten seiner dichtenden Zeitgenossen. Es ist allerdings nicht möglich, sein Leben und sein Schaffen so zu verbinden, da sich das zweite aus dem ersten mit Sicherheit erklären ließe. Für modernere Auffassungen schien oft ein Gegensatz zwischen dem Leben des strebsamen und tüchtigen Schauspielers und Theaterunternehmers, des Kleinstadtbürgers und schließlich Landedelmannes und seinem letzte Höhen des menschlichen Geistes erreichenden Werke zu bestehen. Das führte dazu, daß trotz überreicher Nachweise seiner Autorschaft Theorien entwickelt wurden, die ihn nur als Decknamen für einen vornehmeren und gelehrteren Zeitgenossen auffaßten und diesem die Werke zuschreiben wollten. Am meisten Verbreitung fand die Behauptung, der Philosoph Francis Bacon habe die Werke verfaßt. Sie ist wie alle ähnlichen Theorien so gewaltsam konstruiert, daß ihre Widerlegung heute nur noch Satire werden kann.

William Shakespeare ist 1564 in dem Städtchen Stratford-upon-Avon geboren. Am 26. April wurde er getauft. Da man Kinder üblicherweise am dritten Lebenstage taufte, wurde der 23. April als sein Geburtstag erschlossen. Sein Vater, John Shakespeare, gehörte der Gilde der Weißgerber und Handschuhmacher an, züchtete Schafe und handelte auch mit Wolle und Häuten. Die Mutter des Dichters, Mary Arden, stammte aus dem nahen Snitterfield. Ihre Familie gehörte der Gentry, dem Landadel an. John Shakespeare brachte es zu Wohlstand und bürgerlichem Ansehen. Er erwarb mehrere Häuser und Grundbesitz und wurde in städtische Ehrenämter gewählt. 1565 war er Ratsherr, 1568 High Bailiff (Bürgermeister) und schließlich auch Friedensrichter. William war das dritte

Kind seiner Eltern. Über seine Erziehung und Schulbildung wissen wir nichts Sicheres. Es besteht aber die höchste Wahrscheinlichkeit, daß er die damals recht gute Lateinschule seiner Heimatstadt besucht hat. Sehr wahrscheinlich ist auch, daß Theatererlebnisse der Jugend auf seinen späteren Entschluß, Schauspieler zu werden, Einfluß gewannen. Zwischen 1569 und 1587 wurde Stratford 24mal von reisenden Schauspieltruppen aufgesucht. Auch das nahe Coventry als Mittelpunkt der Mysterienspiele mag ihm vertraut geworden sein.
Um 1580 haben sich die Vermögensverhältnisse der Eltern erheblich verschlechtert, die Geldnot steigt bis etwa 1587, dann tritt eine langsame Besserung ein. Die letzte Ursache dieser Schwierigkeiten wird in einer damals die ganze Welt erfassenden Krise, die auf dem Verfall des Silberwertes und der Währungen beruhte, zu suchen sein. Mißernten und Stadtbrände kamen erschwerend hinzu. Es gibt keinen schlüssigen Beweis dafür, daß besondere persönliche Gründe wie ein Bekenntnis John Shakespeares zum katholischen Glauben ihn in finanzielle Bedrängnis geführt hätten.
Welchen Beruf der Dichter nach der Schulzeit erlernte und ausübte, bleibt völlig dunkel. Vermutungen reichen vom Schlächter über den Lehrer zum Gehilfen bei einem Rechtsanwalt, gelegentlich wurde auch ohne ausreichende Beweise angenommen, er sei Seemann gewesen. Das einzige sichere Datum aus jener Zeit ist das seiner Heirat. Im Dezember 1582 vermählte er sich im Alter von achtzehn Jahren mit der um acht Jahre älteren Anne Hathaway, der Tochter eines begüterten Landwirtes aus Weston on Avon nahe Stratford. Im folgenden Jahre wurde das erste Kind, eine Tochter Susanne, geboren; 1585 kamen die Zwillinge Hamnet und Judith zur Welt.
Um diese Zeit muß Shakespeare Stratford verlassen haben, um in London Schauspieler zu werden. Nachweisbar in der Hauptstadt ist er allerdings erst um 1590, damals ist er bereits zu beträchtlichem Ansehen gekommen. Über seinen Fortgang aus Stratford gibt es nette Legenden, etwa die, er habe die Heimat verlassen müssen, weil er im Park des Gutsherrn Sir Thomas Lucy gewildert habe, doch

sind sie alle nicht mehr als hübsche Erfindungen. Jedenfalls macht Thomas Nashe 1589 eine abfällige Bemerkung über ihn, die erkennen läßt, daß er als Schauspieler gut bekannt ist. 1592/93 wird er von dem Schriftsteller Robert Greene noch derber angegriffen. 1593/94, als die Pest in London wütete, und alle Theater geschlossen waren, veröffentlichte er die beiden Versepen "Venus und Adonis" und "Lucretia", die einem hohen Gönner, dem Grafen von Southhampton, gewidmet sind.
Wahrscheinlich hat Shakespeare in London Anschluß an seinen Landsmann, den Theaterunternehmer James Burbadge, gesucht, der das "Theatre" erbaut hatte und im Londoner Theaterleben eine beherrschende Stellung einnahm. Sein Sohn und Erbe, Richard Burbadge, war Shakespeares Freund. Als Teilhaber seiner Theatertruppe muß Shakespeare gut verdient haben. Das erworbene Geld legte er in der Heimatstadt Stratford an, wo er 1597 New Place, ein stattliches Anwesen mit umfangreichem Grundbesitz, kaufte und die Vermögensverhältnisse seines Vater ordnete. Dieser betreibt bereits seit Jahren die Verleihung eines Wappens, also die Aufnahme der Familie in die Gentry, den Landadel. 1599 wird die Verleihung ausgesprochen. Im gleichen Jahre, in dem Shakespeare so "Gentleman" wurde, baute Richard Burbadge das Globe-Theater, an dem der Dichter ebenfalls Teilhaber war, und für das er seine Stücke schrieb. Shakespeare kauft weiteren Grundbesitz in Stratford, wohin er öfters reist, 1610 war er der größte und wohlhabendste Grundbesitzer des Städtchens.
Kurz darauf muß er London verlassen haben, um wieder dauernd in Stratford zu leben. Nur gelegentlich hält er sich seitdem in der Hauptstadt auf. Im frühen Alter von nur 52 Jahren ist er, der offenbar schon längere Zeit kränklich war, am 23. April 1616 in Stratford gestorben, nachdem er einen Monat vorher sein endgültiges Testament gemacht hatte. In der Pfarrkirche wurde er beigesetzt. Die Texte Shakespeares blieben damals bei dem Theater, für das sie geschrieben waren. Da jeder Urheberschutz fehlte, war man an einer Geheimhaltung guter Stücke sehr interessiert. Nur abgespiel-

te Stücke wurden veröffentlicht. So sind von Shakespeares Dramen nur 19 zu seinen Lebzeiten in mehr oder weniger guten Drucken (Quartos) erschienen. Erst nach seinem Tode, im Jahre 1623, veranstalteten seine einstigen Schauspielkollegen John Hemminge und Henry Condell, die Shakespeare in seinem Testament ausdrücklich bedacht hatte, die erste Gesamtausgabe (Folio), der Ben Jonson einen Nachruf voranstellte, in dem trotz einiger, vielleicht aus großer Nähe gegebener Einschränkungen doch zum ersten Male Shakespeares dichterische Größe klar erkannt und ausgesprochen wird.

2. GESCHICHTLICH-GESELLSCHAFTLICHER HINTERGRUND

2.1 ZEITTAFEL

100 v. Chr.	*Gaius Julius Cäsar als Sohn des Gaius Julius Cäsar und seiner Frau Aurelia in Rom geboren.*
95	Marcus Portius Cato d. J. (Uticensis) geboren.
93	Lucius Cornelius Sulla wird Prätor.
91-89	Bundesgenossen-Krieg (Marsischer Krieg).
91	Reformvorhaben des Marcus Livius Drusus. Agrargesetz der Gracchen erneuert. Drusus ermordet. Staatsgründung der Bundesgenossen mit der Hauptstadt Corfinium.
89	Sulla besiegt die aufständischen Samniten. Lex Plautia Papiria: Die italischen Stämme erhalten das römische Bürgerrecht.
88-84	Erster Krieg Roms gegen Mithridates VI. Eupator Dionysos von Pontus und Bürgerkrieg zwischen Marius und Sulla.
88	Mithridates greift römisches Gebiet an. Delos geplündert. Griechische Künstler fliehen nach Rom. Vesper von Ephesus: 80 000 Italiker getötet. Unruhen in Rom. Sulla erobert die Stadt und geht dann in den Osten des Reiches.
87	*Cäsar zum Priester des Jupiter ernannt.* Gaius Marius kehrt nach Rom zurück. Schreckensherrschaft des Marius und des Lucius Cornelius Cinna. Zahlreiche Angehörige des römischen Senatorenadels (Optimaten) werden ihres Besitzes beraubt oder getötet.
86	*Gaius Marius, Cäsars Onkel, gestorben.* Sallust (Gaius Sallustius Crispus) geboren.

	Sulla erobert Athen und besiegt Mithridates bei Chaironeia.
um 85	Catull (Gaius Valerius Catullus) geboren.
85	Sieg Sullas über Mithridates bei Orchomenos.
84	*Cäsars Vater Gaius Julius in Pisa gestorben.*
	Cäsar heiratet Cornelia, die Tochter des Lucius Cornelius Cinna.
	Cinna gestorben.
	Friede von Dardanos zwischen Sulla und Mithridates.
83-81	Zweiter Krieg gegen Mithridates VI. von Pontus.
83	Rückkehr Sullas nach Italien.
82/81-79	Diktatur Sullas.
82	1. November: Sulla und Gnaeus Pompeius, der Sohn des Strabo, nehmen Rom ein.
	Sieg über die Samniten und Lukaner in der Schlacht am Collinischen Tor.
	Proskriptionen: Ächtung von Senatoren. Neunzig Senatoren und 2600 Ritter getötet.
	Sullas Leges Corneliae: Neubesetzung des Senats. Schwächung des Tribunats.
	Pompeius geht in Sizilien und Afrika gegen die Anhänger des Marius vor.
81-78	*Aufenthalt Cäsars im Osten des Reiches. Militärdienst.*
81	*Cäsar als Schwiegersohn Cinnas von Sulla geächtet und von der Priesterschaft Jupiters ausgeschlossen.*
	Marcus Tullius Cicero wird Gerichts-Redner.
80	*Cäsar schließt sich dem Stab des Statthalters von Asien an. Aufgaben in Bithynien.*
	Cäsar erwirbt sich durch besondere Leistungen die römische Bürgerkrone.
	Triumph des Pompeius (Beiname "Magnus" verliehen).
	Sulla Konsul.
79-77	Cicero in Athen und Rhodos.
79	Sulla geht nach Puteoli. Rückzug aus der Politik.

78-75	Krieg gegen die Seeräuber in Kleinasien.
78	*Cäsar beim Stab des Statthalters von Cicilien.*
	Rückkehr nach Rom.
	Lucius Cornelius Sulla gestorben.
	Der Konsul Marcus Ämilius Lepidus unternimmt einen Umsturzversuch.
77-71	Kampf des Pompeius gegen die Anhänger des Marius in Spanien.
77	*Cäsar klagt gegen Gnäus Dolabella.*
	Marcus Ämilius Lepidus bei der Milvischen Brücke geschlagen. - Pompeius wirft Aufstände in Etrurien und Oberitalien nieder.
76	*Cäsars Tochter Julia geboren (oder 83?).*
	Klage Cäsars gegen Gaius Antonius Hybrida, einen Agenten Sullas.
75	*Orient-Aufenthalt.*
	Rhetorik-Studien bei Apollonius Molon, dem Lehrer Ciceros, auf Rhodos.
	Cäsar von Seeräubern gefangengenommen.
74-64	Dritter König gegen Mithridates VI. von Pontus.
74	Kyrene römische Provinz.
	Nikomedes IV. vererbt Bithynien an das Römische Reich.
	Marcus Antonius (Creticus) erhält Befehlsgewalt zum Kampf gegen die Seeräuber in Kreta.
73-71	Sklavenaufstand unter Führung des Spartacus.
73	*Rückkehr nach Rom.*
	Cäsar wird Mitglied des Priesterkollegiums und Militärtribun.
72	*Militärdienst in Rom.*
70	Gnäus Pompeius und Marcus Licinus Crassus zu Konsuln gewählt.
	Verfassung des Sulla aufgehoben. Die Tribunen erhalten ihre alten Rechte zurück. Plebiszite haben künftig

Gesetzeskraft.
Prozeß gegen Gaius Verres, geführt von Cicero.
Cicero wird Ädil.
15. Oktober: Vergil (Publius Vergilius Maro) geboren.

69 Kleopatra geboren.
Cäsars Frau Cornelia und seine Tante Julia gestorben. Cäsar hält die öffentliche Grabrede für Cornelia. Mit der Rede für Julia, die Witwe des Marius, bekennt er sich zur Partei des Marius.

68 *Cäsar wird Quästor in Hispania ulterior.*
Nach früheren Erfolgen scheitert die Mission des römischen Feldherrn Lucius Licinus Lucullus. Mithridates kann sein Reich nach der Abberufung des Lucullus zurückgewinnen.

67 Lex Gabinia: Gnäus Pompeius Magnus erhält auf drei Jahre den Oberbefehl über das Mittelmeer und die Küsten zur Bekämpfung des Seeräuberunwesens.
Cäsar kehrt nach Rom zurück. Er heiratet Pompeia, eine Enkelin Sullas.
Verbindung mit Crassus.
Cäsar wird Curator der Via Appia.

66-64 Feldzug des Pompeius gegen Mithridates.

66 Lex Mainlia: Zur Beendigung des dritten Mithridatischen Krieges erhält Pompeius die Befehlsgewalt in Asien.
Sieg über Mithridates.

65 *Cäsar wird Curulischer Ädil in Rom.*

64 *Caesar ludex quaestorius.*
Kreta römische Provinz.

63 *Cäsar zum Pontifex maximus auf Lebenszeit gewählt.*
Cicero wird Konsul.
Verschwörung des Lucius Sergius Catilina. Ermordung der Konsuln und Errichtung der Diktatur beabsichtigt.
Mithridates VI. von Pontus ermordet.

Ende der Seleukiden-Herrschaft.
Neuordnung Vorderasiens: Die Provinzen Pontus, Syrien und Cicilien werden geschaffen.
5. Dezember: Cäsar wendet sich gegen die Todesstrafe, die für die Anhänger Catilinas gefordert wird.
Hinrichtung von fünf Gefolgsleuten des Catilina auf Beschluß des römischen Senats.

62 *Cäsar wird Prätor*
Scheidung von Pompeia.
Gaius Octavius, Großneffe Cäsars (nach der Adoption "Gaius Julius Cäsar Octavianus Augustus"), der spätere Kaiser Augustus, geboren.
Vernichtende Niederlage des Catilina und seiner Anhänger bei Pistoria. Catilina gefallen.
Pompeius landet in Brundisium und entläßt sein Heer.

61 *Cäsar Proprätor in Hispania ulterior.*

60 *Juni: Cäsar kehrt nach Rom zurück, um sich für das Konsulat zu bewerben.*
10. Dezember: Cäsars Freunde Marcus Antonius und Quintus Cassius Longinus werden Mitglieder des Tribunenkollegiums.
21. Dezember: Rede des Volkstribunen Antonius gegen die Machtbefugnisse des Pompeius.
Cäsar schließt mit Crassus und Pompeius das erste Triumvirat.

59 *Cäsar und Marcus Calpurnius Bibulus zu Konsuln gewählt.*
Ehe Cäsars mit Calpurnia, der Tochter des Lucius Piso.
Pompeius heiratet Cäsars Tochter Julia.
Publius Clodius Pulcher aus der Familie der Claudier schließt sich den Plebejern an und kann damit ins Tribunenamt gewählt werden.
Cäsar erhält Illyricum, Gallia cisalpina und Gallia Narbonensis auf fünf Jahre zugesprochen.

58-51	Gallischer Krieg.
58	*Feldzüge Cäsars gegen die Helvetier (Sieg bei Bibracte) und gegen Ariovist (Sieg von Mühlhausen).*
	Clodius Volkstribun in Rom.
	Cato wird nach Zypern entsandt.
	Cicero auf Betreiben des Clodius geächtet und verbannt.
57	*Feldzug Cäsars gegen die Nervier (Belgier).*
	Cicero aus der Verbannung zurückberufen.
56	*15. April: Triumvirat Cäsar - Pompeius - Crassus in Luca erneuert.*
	Cäsar zieht gegen die Veneter in Aremorica.
	Crassus unterwirft Aquitanien.
55	*Cäsar kämpft gegen Usipeter und Tenterer.*
	Rheinübergang. Erster Britannien-Feldzug.
	Pompeius zum zweiten Mal römischer Konsul. Ihm wird auf fünf Jahre die Verwaltung beider spanischer Provinzen übertragen. Crassus erhält Syrien, Cäsar erneut Gallien.
	Ciceros "De oratore".
	Lukrez (Titus Lucretius Carus) begeht Selbstmord.
54	*Cäsars Mutter Aurelia gestorben.*
	Julia, die Tochter Cäsars und Frau des Pompeius, bei der Geburt ihres Kindes gestorben.
	Rückkehr nach Gallien.
	Zweite Britannien-Expedition.
	Ägypten kommt unter römische Besatzung.
	Catull gestorben.
53	*Zweiter Rheinübergang. Feldzug Cäsars gegen die Eburonen.*
	Crassus im Kampf gegen die Parther.
	1. Juni: Schlacht von Carrhae. Crassus wird besiegt und getötet.
	Pompeius und der Senat wenden sich gegen Cäsar.

Pompeius heiratet Cornelia, die Witwe des Crassus.

52 Cicero geht als Prokonsul nach Cicilien.

Gesamtgallischer Aufstand unter Vercingetorix. Cäsar belagert Alesia und erzwingt die Übergabe.

Clodius ermordet. Unruhen bei den Totenfeierlichkeiten in Rom.

Pompeius zum alleinigen Konsul (sine collega) gewählt.

51 *Erhebung der Biturgien und Eburonen niedergeworfen. Belagerung von Uxellodunum. Ende des Gallischen Krieges.* Gallien wird römische Provinz.

Kleopatra VII. Königin von Ägypten.

Cäsar veröffentlicht "De bello Gallico", Cicero sein Werk "De re publica".

Poseidonios von Apamea in Rom.

49-46 *Bürgerkrieg zwischen Cäsar und Pompeius.*

49 1./7. Januar: Eröffnungssitzung des Senats unter Leitung der Konsuln Gaius Marcellus und Lucius Cornelius Lentulus.

"Senatus consultum ultimum": Cäsar wird aus Gallien abberufen.

Endgültiger Bruch zwischen Cäsar und Pompeius.

Ausbruch des Bürgerkriegs.

12. Januar: Cäsar überschreitet den Rubikon.

14. Januar: Arretium und Ancona fallen.

27. Februar: Cäsar in Rom.

23. Juni-2. August: Sieg bei Illerda/Spanien über die Truppen des Pompeius. Hispania citerior gewonnen.

August: Das belagerte Massilia ergibt sich.

Cäsar kehrt nach Italien zurück.

22. Dezember: Ankunft in Brundisium.

Curio in Afrika gefallen.

48 *1. Januar: Cäsar zum zweiten Mal Konsul.*

4. Januar: Landzug in Epirus/Griechenland.

Pompeius besiegt Cäsar bei Dyrrhachium.
9. August: Schlacht von Pharsalus. Sieg Cäsars über Pompeius.
28. September: Pompeius auf der Flucht in Ägypten ermordet.
2. Oktober: Cäsar landet in Alexandria. Beginn des Alexandrinischen Krieges.
Brand der römischen Flotte und der Bibliothek von Alexandria.
Cäsar empfängt Kleopatra.
Dezember: Cato erreicht nach dreißigtägigem Marsch durch die Wüste mit seinen Legionen Leptis Magna.

47 Januar: Unruhen in Kampanien.
Rebellion der Veteranen von Pharsalus.
Februar: Mithridates von Pergamon erreicht mit seinem Heer das Nildelta.
24./25. März: Cäsar stößt mit seinen Legionen zu den Truppen des Mithridates.
27. März: Cäsar siegt in der Schlacht am Nil über die Ägypter. Ptolemäus XIII. ertrunken.
Cäsar verheiratet Kleopatra mit ihrem jüngerem Bruder; Ptolemäus XIV. Mitregent.
Nilfahrt Cäsars und Kleopatras.
Juli: Cäsar kehrt nach Rom zurück.
13. Juli: Ankunft Cäsars in Antiochia.
2. August: Sieg bei Zela über Pharnakes, den Sohn Mithridates VI. von Pontus ("Veni, vidi, vici").
24. September: Cäsar landet in Tarentum.
Oktober: Ankunft in Rom.
25. Dezember: Cäsar beginnt in Lilybaea/Sizilien mit Vorbereitungen für den Feldzug gegen Scipio und Juba.
Cäsarion, vermutlich natürlicher Sohn Cäsars und der Kleopatra, geboren (?).

46 Afrikanischer Krieg.

6. April: Schlacht von Thapsus/Nordafrika. Cäsar siegt über die Truppen Scipios und Jubas.
13. April: Cato begeht in Utica Selbstmord.
25. Juli: Cäsar in Rom.
Cäsar Diktator auf zehn Jahre und Präfector moribus.
Kleopatra kommt nach Rom.
Lex Julia Municipalis: Gemeindeordnung für die Städte Italiens.
20. September-1. Oktober: Triumph Cäsars.
Einführung des Julianischen Kalenders.
November/Dezember: Cäsar zieht nach Spanien, um den Aufstand des Titus Labienus, des Varus, Sextus und Gnäus Pompeius d. J. niederzuwerfen..
Sallust wird Statthalter in "Africa interior".
Ciceros "Orator" erscheint.

45 *19. Februar: Eroberung von Ategua/Spanien.*
17. März: Schlacht von Mund/Spanien. Sieg Cäsars über Gnäus Pompeius und seine Verbündeten.
September: Rückkehr nach Rom.
Cäsar wird Diktator auf Lebenszeit (Dictator perpetuus), Imperator, Konsul auf zehn Jahre und Pontifex maximus.
Erweiterung des Senats auf 900 Mitglieder.
Cäsar adoptiert seinen Großneffen Gaius Octavius, den späteren Kaiser Augustus.

44 1. Januar: Marcus Junius Brutus wird Stadtprätor in Rom.
26. Januar: Cäsar nimmt an den Lateinischen Festspielen in den Albaner Bergen teil.
14. Februar: Der Senat bestätigt Cäsar als Diktator auf Lebenszeit.
15. Februar: Cäsar bei den Lupercalien. Mißglückte "Krönung" durch den Konsul Marcus Antonius. Cäsar weist das Königsdiadem zurück.

Vorbereitung eines Feldzugs gegen die Parther.
15. März (Iden des März): Ermordung Cäsars durch die Verschwörer Marcus Junius Brutus, Gaius Cassius Longinus, Gaius Trebonius, Decimus Brutus, Lucius Tullius Cimber und Publiius Servilius Casca.
20. März: Begräbnis.
Kleopatra flieht aus Rom.

2.2 DAS FORUM ROMANUM ZUR ZEIT CAESARS

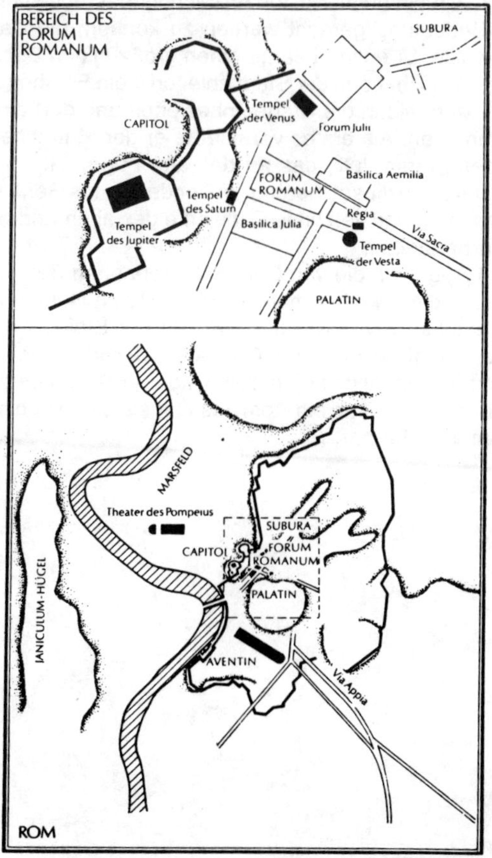

Als Caesar seine Herrschaft antrat, macht Rom den Eindruck einer alten Stadt, wie sie auch Tacitus bezeichnet hat, und schien nicht mehr der Bedeutung gerecht werden zu können, die Caesar ihr verleihen wollte. Er entwarf daher einen großzügigen Bebauungsplan, wollte den Tiber aus der Stadt ableiten, sein Flußbett trockenlegen, das Marsfeld in die Stadt einbeziehen und dort ein großes Sportfeld anlegen. Als erstes veranlaßte er den Bau eines neuen Forums, des Forum Julii, das an das alte Forum Romanum anschloß. In der Mitte dieses Forums ließ er der Venus Genetrix einen Tempel errichten und ließ viele Bauwerke des alten Forum Romanum wiederherstellen.
Später ließ Augustus die von Caesar begonnenen Bauten vollenden. Caesar selbst weihte man auf dem Forum Romanum einen Tempel (templum Divi Iulii), und zwar an der Stelle, wo der tote Caesar verbrannt worden war. Augustus, der noch viele weitere Tempel und Säulenhallen errichen ließ, konnte sich am Ende seines Lebens rühmen: "Ich fand ein Rom aus Ziegelsteinen und hinterlasse ein Rom aus Marmor."

2.3 DIE PROVINZEN ROMS IM JAHRE 44 v. CHR.

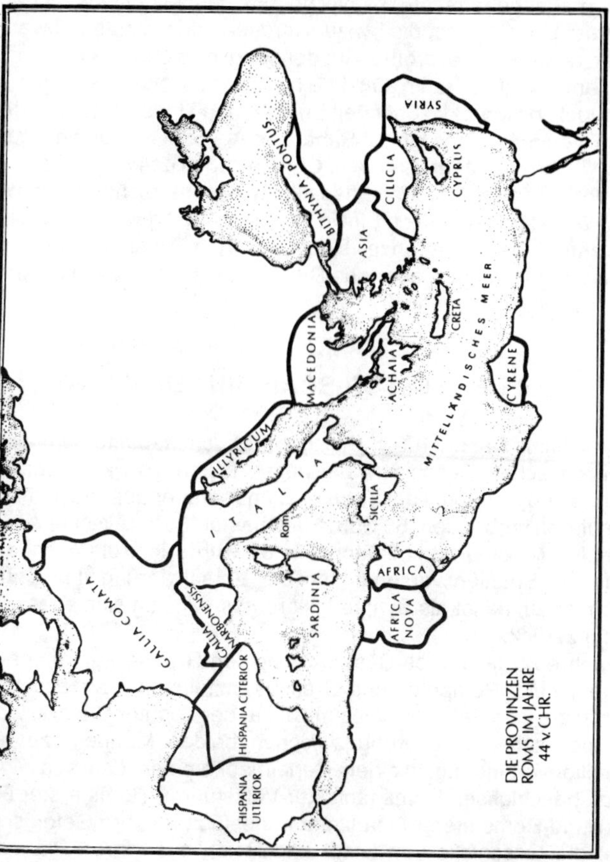

Zur Zeit Caesars hatte Rom eine Einwohnerzahl von etwa einer Million. Es beherrschte sämtliche um das Mittelmeer liegende Gebiete und Gebiete, die bis zur Nordsee und bis zum Schwarzen Meer reichten. Die größte Ausdehnung erreichte das Imperium Romanum unter Traian (98-117 n. Chr.); es erstreckte sich von Portugal und Marokko über den Euphrat und Tigris bis zum Partherreich, von Schottland bis zur Sahara, in Ägypten bis zu den Quellen des Nils. Vom 2. Jahrhundert n. Chr. an zerfiel das Reich, im 5. und 6. Jahrhundert n. Chr. hatte das einst weltbeherrschende Rom nur noch etwa fünfzigtausend Einwohner, erst 1932 erreichte es wieder die antike Millionengrenze. Heute hat Rom zwar weit über drei Millionen Einwohner, aber das Reich Caesars besteht nicht mehr: "Sic transit gloria mundi."

2.4 DER HISTORISCHE HINTERGRUND

Gajus Julius Cäsar, 100 v. Chr. geboren, entstammte dem altadligen römischen Geschlecht der Julier. Durch Verwandtschaft mit Marius und Heirat mit der Tochter Cinnas war er aber auch mit den Popularen verbunden. 68 wurde er Quästor, 65 kurulischer Ädil, 63 Pontifex Maximus und Prätor. Für 61 wurde ihm die Statthalterschaft in Spanien verliehen. An der Verschwörung des Catilina nahm er zunächst als Sympathisierender teil, zog sich aber rechtzeitig zurück.

Im Jahre 60 gelang es Cäsar, die beiden Rivalen auf innenpolitischem Feld, Pompeius und Crassus, miteinander auszusöhnen. Durch die Ehe des Pompejus mit Julia, der Tochter Cäsars, wurde die politische Annäherung zwischen beiden Männern zu einer Familienverbindung. In einem Geheimabkommen, dem sog. *Triumvirat,* beschlossen Roms fähigster Volksführer, Roms erster Feldherr und Roms erster Finanzmann, gestützt auf ihre Gefolgschaften, die Geschicke von Stadt und Reich nach ihren Plänen zu gestalten. Das erste Ergebnis war das *Konsulat Cäsars* vom Jahre

59, in dem er eine glänzende Probe seiner Befähigung ablegte. Ein neues Ackergesetz, an dem Pompejus seiner Veteranen wegen gelegen war, sah die Verteilung des größten Teils des Staatslandes in Kampanien vor und setzte die Unverkäuflichkeit der neuen Güter auf 20 Jahre fest. Insgesamt wurden 140000 Siedlerstellen geschaffen. Der Druck des römischen Proletariats auf den Staat wurde vermindert. Die Anerkennung der Neuordnung Asiens durch Pompejus erfolgte unter Umgehung des Senats durch die von den Anhängern der Triumvirn beherrschte Volksversammlung. Cäsar nahm dem Senat das wichtige Vorrecht der letzten Entscheidung in allen außenpolitischen Angelegenheiten. Die Übertragung des Prokonsulats über Illyrien und Gallia Cisalpina auf 5 Jahre an Cäsar durch die Tributkomitien gab ihm die Möglichkeit, sich eine Macht und ein ihm treu ergebenes Heer zu schaffen, um auf den Gang der Dinge in Rom weiterhin einwirken zu können. Der Senat übertrug ihm auf Betreiben Pompejus außerdem Gallia Narbonensis für ein Jahr.

Um eine optimatische Reaktion in Rom zu verhindern, fand Cäsar am Ende seines Konsulats Mittel und Wege, um Cato und Cicero, die wichtigsten Männer der Senatsgruppe, aus Rom zu entfernen. Von der Provence aus trat Cäsar dem Versuch der Helvetier, ihre Wohnsitze in der Schweiz zu verlassen und sich an der unteren Garonne anzusiedeln, womit den gefürchteten Germanen ein Anreiz mehr zum Vordringen gegen die römischen Grenzen gegeben worden wäre, mit Waffengewalt entgegen. Nach dem Sieg zog er gegen Ariovist, den König der germanischen Sueben, der bereits in mittleren Gallien Fuß gefaßt hatte, und trieb ihn durch die Schlacht bei Mühlhausen im Elsaß (58) über den Rhein zurück. Bis 53 war das verhältnismäßig dicht bevölkerte, aber in etwa 60 Stammesstaaten zersplitterte Gallien bis zum Rhein und zum Ozean in Cäsars Hand. Das Einströmen weiterer Germanenscharen wurde unterbunden. Ein von dem tatkräftigen *Vercingetorix* geleiteter allgemeiner Aufstand wurde von Cäsar nach wechselvollen Kämpfen niedergeschlagen; Vercingetorix mußte in Alesia kapitulieren.

Die Einfügung Galliens in das römische Weltreich erschloß ein großes Gebiet der römisch-hellenistischen Kultur.
Cäsars Erfolge führten zu einer Entfremdung zwischen ihm und Pompejus und zu einer Annäherung des Pompejus an die Senatspartei. Cäsar verhinderte einen vorzeitigen Bruch durch die Erneuerung des Triumvirats in Luca (56). Aber der Tod der Julia, der Tochter Cäsars und Gemahlin des Pompejus (54), löste die Bindung zwischen beiden Männern völlig.
Die Statthalterschaft Cäsars endete am 1. Januar 49. Cäsar wollte sein Amt bis zur Übernahme eines Konsulats im Jahre 48 ausdehnen, um sein Heer zu behalten und die Billigung seiner Maßnahmen zu erreichen. Pompejus und der Senat lehnten diese Forderung ab. Am 7. Januar 49 beschloß der Senat Cäsars Abberufung. Darauf überschritt dieser mit seinem Heer den Grenzfluß Italiens im Norden, den Rubicon.
Pompejus räumte Rom und Italien und sammelte seine Truppen auf der Balkanhalbinsel. Cäsar folgte ihm Ende 49, belagerte ihn vergeblich in Dyrrhachim (Durazzo) und besiegte ihn dann bei *Pharsalos* (48). Pompejus flüchtete nach Ägypten, wurde aber bei der Landung ermordet. Cäsar unterdrückte in Ägypten einen Aufstand der Alexandriner und setzte die Ptolemäerprinzessin *Kleopatra* als Königin ein. 47 v. Chr. kehrte er nach Rom zurück. Die Heere der Senatspartei in Afrika und Spanien wurden zerschlagen. Cäsar war Sieger an allen Fronten.
Er tat nun entschlossen den Schritt, die Republik in die *Monarchie* umzuwandeln. Er wurde Diktator auf Lebenszeit. Die Beschlüsse kultischer Ehren, die der Senat bereits für ihn faßte, der Ehrenname "Vater des Vaterlandes", die Verbindung mit Kleopatra, der letzten Königin eines selbständigen hellenistischen Staates, zeigten die Linie deutlich an, auf der die von Cäsar beabsichtigte Neuordnung lag. Den Senat brachte er durch Ernennung verdienter Mitstreiter und Anhänger seiner Politik auf 900 Mitglieder. Damit verlor dieses Gremium seine einstige Bedeutung und wurde nur zu einem Kronrat des Herrschers. Mit der Verleihung des römischen Bürgerrechts

verfuhr Cäsar zur Erbitterung der altrömischen Kreise sehr freigiebig. Römische Militärkolonien und Munizipien wurden in vielen Provinzen gegründet, der Wiederaufbau Karthagos geplant, der Korinths vollzogen. Italien und Rom sollten eng mit dem Weltreich verschmelzen, dessen Kräfte für das gewaltige Reichsheer von fast 40 Legionen unentbehrlich waren. Fortschrittliche Errungenschaften der außerrömischen Welt ließ der hochgebildete, vorurteilsfreie Cäsar auch in Rom zur Geltung kommen, so vor allem das ägyptische Sonnenjahr von 365 Tagen nebst Schalttagen, das am 1. Januar 45 offiziell in der römischen Welt eingeführt wurde und als *"Julianischer Kalender"* im Abendland bis 1573 in Geltung geblieben ist.

Um die Scharte der Niederlage des Crassus bei Carrhae wieder auszuwetzen, plante Cäsar einen umfassenden Eroberungskrieg gegen das Partherreich, nach dessen glücklicher Durchführung die neue Weltmonarchie ihre Vollendung finden sollte. Noch fehlte ihr der in Rom verfemte Titel *"Rex"*. Bereits bei der Vorbereitung des Partherkrieges zeigte sich, daß Cäsar entschlossen war, auch diesen letzten Schritt zu tun, der der Republik den Todesstoß versetzen mußte. Das führte zu einer Verschwörung der Freiheitsfreunde, deren Häupter Marcus Junius *Brutus* und Gajus *Crassus* waren. Bei der Eröffnung der Senatssitzung am 15. März 44 wurde Cäsar von den Verschworenen ermordet. Die republikanische Freiheitsidee erwies sich stärker, als der Diktator hatte glauben wollen. Die politische Neuordnung konnte ohne ehrfürchtige Schonung der altrömischen Tradition nicht gelingen.

Die Mörder Cäsars waren einig in der Beseitigung des verhaßten Tyrannen, aber uneins in der Neugestaltung des Staates. Das gab dem Mitkonsul Cäsars, *Marcus Antonius*, Gelegenheit, die Menge auf seine Seite zu ziehen. seine Rede an Cäsars Leiche auf dem Forum in Rom zwang die Verschwörer, Rom vor der Volkswut zu verlassen und in die Provinzen zu gehen, die ihnen noch Cäsar bestimmt hatte. Antonius ließ sich vom Volk die Provinz Gallia Cisalpina übertragen, um ein Heer zur Verteidigung seiner neuen

Machtstellung in Rom zur Verfügung zu haben. Der Verwalter der Provinz war der Cäsarmörder Brutus. Antonius versuchte, diesen mit Waffengewalt zu verdrängen. Darauf erklärte ihn der Senat zum Staatsfeind.

Octavius (oder *Octavianus*) war der Großneffe und Adoptivsohn Cäsars. 44 befand er sich in Apollonia (Albanien), bereit, an dem geplanten Kriege Cäsars gegen die Parther teilzunehmen. Er war 19 Jahre alt. In Cäsars Testament war er zum rechtmäßigen Erben des Diktators eingesetzt worden. Der Konflikt zwischen dem Senat und Antonius führte ihn auf die Seite des Senats. In dessen Auftrag zog er als Proprätor gegen Antonius, der Brutus in Mutina (Modena) belagerte. Antonius wurde geschlagen und floh zu Lépidus, dem Reiterobersten Cäsars und Verwalter von Gallia Transalpina.

Octavian verständigte sich nun mit Lepidus und Antonius und schloß mit ihnen 43 das zweite Triumvirat. Das private Abkommen wurde durch das Volk gesetzlich bestätigt und den drei Männern die Neuordnung des Staates für die nächsten fünf Jahre übertragen. Durch Proskription wurden zahlreiche politische Widersacher der Triumvirn, vor allem aus Senatskreisen, umgebracht, unter ihnen der dem Antonius besonders verhaßte Cicero. Die Heere der Cäsarmörder erlagen dem Antonius und Octavian in der Doppelschlacht bei *Philippi.* Brutus und Cassius gaben sich selbst den Tod.

Nach Philippi hatten die Triumvirn das Reich geteilt. Antonius erhielt den Osten, Lepidus Afrika, Octavian den Westen mit der undankbaren, von ihm rücksichtslos durchgeführten Aufgabe der Veteranensiedlung. Lepidus wurde 36 von Octavian zur Aufgabe seines Anteils gezwungen. Obwohl Antonius mit Octavia, der Schwester Octavians, vermählt war, ging er mit Kleopatra, der Königin Ägyptens, eine zweite Ehe ein. Dies vertiefte die Kluft zwischen ihm und Octavian. Immer eindeutiger lenkte Antonius in Cäsars Bahnen ein und strebte nach der absoluten Monarchie. Wie die Herren der Welt schwelgten er und Kleopatra im Kreise der “Brüder vom unnachahmlichen Leben” in Alexandria. Wohlgerüstet zog Antonius 36 gegen die Parther. Aber der Feldzug mißlang. Kleopatra lenkte jetzt

Antonius' Tatendrang gegen den Westen, gegen Octavian, der nun zum Verteidiger altrömischer Tugenden gegen den rauschhaft-dionysischen Hellenismus wurde und dies in seinem Bekenntnis zu Apollo, dem Gotte des Maßes und der Besonnenheit, offiziell zum Ausdruck brachte. Mit Heer und Flotte zogen Antonius und Kleopatra über Griechenland auf Italien zu. Die Verschenkung römischer Provinzen im Osten an Kleopatra und ihre Kinder durch Antonius verletzte national-römische Interessen und gab Octavian die Möglichkeit, gegen Antonius einzuschreiten. Freilich nicht diesem, sondern der Königin von Ägypten erklärte Rom den Krieg. Octavian und Agrippa siegten bei *Actium* über die Flotte der Gegner. Antonius und Kleopatra verübten im belagerten Alexandria Selbstmord. Ägypten wurde römische Provinz. Damit war der letzte hellenistisch-griechische Staat aus der politischen Welt verschwunden.

3. SHAKESPEARES DRAMA "JULIUS CÄSAR"

3.1 ENTSTEHUNG UND AUFNAHME (TOPOGRAPHIE)

Granville-Barker bezeichnete "Julius Cäsar" als "das Tor, durch welches Shakespeare schritt, um seine fünf großen Tragödien zu schreiben. Er hatte "Heinrich V." dicht hinter sich und "Hamlet" nicht weit von sich." Über das Jahr, in dem diese Tragödie entstanden ist, besteht bei den Forschern keine Einigkeit, die Datierungen schwanken, zwischen 1599 und 1603, dem Jahre, in dem "Hamlet" entstand. Ziemlich einheitlich wird dieses Werk mit der Essex-Revolution zusammengebracht, die um die Wende des 16. und 17. Jahrhunderts ganz England seelisch erschütterte. Robert Devereux Earl of Essex, der bevorzugte Günstling der Königin Elisabeth, hatte als Vizekönig von Irland 1599 eigenmächtig Waffenstillstand mit den irischen Aufständischen geschlossen. Er wurde daraufhin seines Amtes enthoben, verweigerte aber den Gehorsam und ging zum offenen Aufstand über. Er geriet in Gefangenschaft und wurde am 25. Februar 1601, nachdem die Königin sich schwer dazu durchgerungen hatte, das Todesurteil zu unterschreiben, zu London hingerichtet.

Aber eine solche Beziehung zwischen dem geschichtlichen Ereignis und Shakespeares Werk ist nicht zwingend zu erschließen. Seit 1562 gab es auf englischen Bühnen eine Reihe von Stücken, die Cäsar als Titelhelden hatten. Shakespeares Werk ist nicht vor 1598 entstanden, denn in dem "Schatzkästlein des Witzes" (Palladis Tamia) des Francis Meres, das in diesem Jahre erschien, und in dem die bisherigen Werke unseres Dichters aufgeführt sind, fehlt es. Nun findet sich in dem Tagebuch des Baseler Arztes Thomas Platter, der 1599 in London weilte, die Eintragung: "Den 21. Septembris nach dem Imbissen, etwan um zwey uhren bin ich mit meiner geselschaft über daz wasser gefahren, haben in dem streuwinen Dachhaus die Tragedy vom ersten Keyser Julio Cesare mit ohngefahr 15 personen sehen gar artlich agieren". Die Ortsangabe und Beschreibung können sich durchaus auf das Globetheater beziehen, das überdies in jenem Jahre als Neuheit eine Art Sehenswürdigkeit war, die man einem ausländischen Gast gern zeigen mochte. Auch die Zahl der Personen kann stimmen, den Platter konnte nur schätzen, wohl kaum bei der Konzentration auf das Spiel richtig nachzählen, und es ist auch möglich, daß ein Schauspieler mehrere Rollen übernahm. Wenn diese Voraussetzungen stimmen, hätte Thomas Platter also Shakespeares "Julius Cäsar" gesehen. Seine Entstehung wäre dann in das Jahr 1599 zu setzen. Man hat eine weitere Stütze dieser Auffassung in dem Gedicht "Mirror of Martyrs" (Märtyrerspiegel) von John Weevers gefunden, das 1601 gedruckt, aber spätestens im Jahre vorher geschrieben wurde. Da heißt eine Stelle:

"The many-headed multitude were drawn
By Brutus' speech, that Caesar was ambitious.
When eloquent Marc Antony had shown
His virtues, who but Brutus then was vicious!"

Frei übersetzt heißt das: "Die vielköpfige Menge wurde mitgerissen durch die Rede des Brutus, daß Cäsar ehrgeizig sei. Als der beredte Marc Anton seine Vorzüge aufgezeigt hatte, wer anders als Brutus war dann der Verbrecher!" Das entspricht völlig der Auffassung Shakespeares und kann jedenfalls aus keiner der uns bekannten Quellen stammen. Wenn Weevers also wirklich Shakespeares Werk beim Dichten dieser Stelle vor Augen hatte, so könnte sie als Beweis für das Jahr 1599 als Entstehungsjahr gelten. Für die Annahme eines späteren Entstehungsdatums hat man innere Gründe angeführt, das gegenüber den Historien strengere Kompositionsprinzip und die Herausarbeitung des Konfliktes zwischen Seele und Welt. So kam man auf das Jahr 1603, das Gregor noch festhält, während Gundolf 1601 als Entstehungsjahr annahm. Eine absolut sichere Datierung ist wohl nicht möglich, doch hat Thomas Platters Erwähnung in seinem Tagebuch das Jahr 1599 sehr wahrscheinlich gemacht. Gedruckt wurde das Werk erst 1623 in der Folio und zwar in einer so guten Fassung, daß man annahm, Shakespeares Originalmanuskript habe dem Drucker vorgelegen. Offenbar hat man diese Tragödie als besonderes Erfolgsstück des Globetheaters auch besonders sorgfältig gehütet. Als gesichert kann wohl die am Anfang dieses Kapitels zitierte Auffassung Granville-Barkers gelten, nach der Shakespeare mit "Julius Cäsar" die Reihe seiner großen Tragödien eröffnet, daß manche Züge im Aufbau und in der Handlungsführung noch an die lockere Technik der Historien erinnern, daß sich hier aber auch die Konzentration auf die menschliche Problematik, die größere Weite des Weltbildes und die entsprechende Straffung der Komposition der großen Tragödien ankündigen.

Verschiedene Zeugnisse lassen erkennen, daß diese Tragödie besonderen Beifall gefunden hat. Richard Burbadge, der Freund Shakespeares und nach manchen überlieferten Äußerungen angesehenste Schauspieler der Zeit, spielte den Brutus. Der zeitgenössische Dichter Leonard Digges bestätigt ausdrücklich den Erfolg gerade dieses Werkes, indem er es in Gegensatz zu dem 1602 erschienen Trauerspiel "Cäsars Fall" von Munday, Drayton, Webster und Middleton stellt. Als Auswirkung des großen Erfolges hat man es auch angesehen, daß eine Reihe von Cäsar- und Römerdramen als Konkurrenzunternehmen anderer Schauspieltruppen und Dichter entstanden. Auch die philologisch getreuen Römertragödien "Sejanus" (1603 und "Catilina" (1611) von Ben Jonson (1573-1637) hat man in diesen Zusammenhang gestellt und angenommen, der gelehrte Jonson habe damit den "ungelehrten" Römertragödien Shakespeares Werke entgegenhalten wollen, die auch dem strengen Urteil des kritischen Geschichtsforschers standhielten. Beim Fehlen zwingender Zeugnisse bleiben solche erschlossenen Zusammenhänge aber doch nur Möglichkeiten.

Auch die englischen Komödianten in Deutschland haben wahrscheinlich dieses Erfolgsstück Shakespeares mitgebracht. Von der 1626 von John Green am Dresdner Hofe aufgeführten "Tragoedia von Julio Cesare" meint Ernst Leopold Stahl, daß "die Abstammung von Shakespeare nicht zweifelhaft sein dürfte". Bei anderen "Cäsar"-Aufführungen des 17. Jahrhunderts ist die Herkunft unsicher. Gerade der antike Stoff aber ließ, auch als sich in ganz Europa der französische klassizistische Kunstgeschmack durchsetzte, die Auseinandersetzung mit diesem Werke niemals verstummen. Voltaire übersetzte unter seinen Proben englischer Dichtung die Rede des Antonius. Darauf und als eine Art klassizistischen Gegenstückes zu Shakespeare schrieb er seinen "Mort des César" (Tod Cäsars, 1731). Hier ist der Konflikt zwischen Vaterliebe und Vaterlandsliebe in dem eindeutig zu Cäsars Sohn gemachten Brutus in den Mittelpunkt gestellt, der aus politischer Notwendigkeit geforderte Vatermord macht das Stück klassischer im Sinne der französischen Muster.

In Deutschland war "Julius Cäsar" bezeichnenderweise das erste Stück Shakespeares, das übersetzt wurde. 1741 legte Caspar Wilhelm von Borck, der preußische Gesandte in London, der das Stück auf einer Londoner Bühne gesehen hatte, seine Übersetzung in Alexandrinern, dem Versmaß der französischen klassischen Tragödie vor. Es war das einzige Drama Shakespeares, das Johann Christoph Gottsched bekannt war. Borcks Übersetzung veranlaßte ihn zu einer Kritik, die Jahrzehnte, bevor dieses Stück auf deutschen Bühnen erschien, zu jener furchtbaren kritischen Auseinandersetzung über Shakespeares führte, die entscheidend für die weitere Entwicklung der deutschen und darüber hinaus der abendländischen Kultur wurde. Gottsched verwarf Shakespeare, weil er regellos sei, weil er eine primitive Vorstufe der Poesie vertrete, die von den französischen Klassikern ein für allemal überholt sei: "Die elendste Haupt- und Staatsaction unserer gemeinen Comödianten ist kaum so voller Schnitzer und Fehler wider die Regeln der Schaubühne und gesunden Vernunft, als dieses Stück Schackespears ist". Im folgenden Jahre veröffentlicht Gottsched eine weitere

Stellungnahme, in der er "Julius Cäsar" auf die klassischen Regeln der drei Einheiten und die für ihn maßgeblichen ästhetischen Gesetze der dramatischen Dichtung hin untersucht. Er kommt zu dem Ergebnis, daß Shakespeares "Einfälle, sie mögen so poetisch seyn als sie wollen und noch so vielen königlichen Ringen gleichen, seine Unwissenheit und Übertretung der theatralischen Regeln nicht gut machen können". Nur kurze Zeit behauptete Gottsched das Feld. Seine Position war anfangs recht stark, denn die Achtung vor den aus römischen Klassikern abgeleiteten Kunstregeln war tief eingewurzelt. Aber bereits 1741 wagte der später so oft angegriffene Johann Elias Schlegel (1719-1749), ohne seinem verehrten Meister Gottsched direkt zu widersprechen, in seiner "Vergleichung Shakespeares und Andreas Gryph" Shakespeares Gestaltung der Charaktere zu verteidigen: "Bei dem Shakespeare scheint überall eine noch tiefere Kenntniß der Menschen hervorzuleuchten als bei dem Gryph", und er unternahm es mit Vorsicht "die Schönheiten dieser großen Leute zu zeigen". Der entscheidende Durchbruch einer neuen Auffassung aber hatte zwei Voraussetzungen: mehr Werke Shakespeares mußten bekannt, und das Vorbild der römischen Tragiker mußte durch das der griechischen ersetzt werden. Die Bekanntschaft mit des Dichters Werk vermittelte Christoph Martin Wieland (1733-1813), der 1762-66 seine Prosaübersetzung von 22 Stücken, 1764 die des "Julius Cäsar" vorlegte. Wenn auch diese Übersetzung später vor allem wegen der abfälligen Fußnoten Wielands, der auch hier den Rokokoklassiker nicht verleugnete, oft getadelt wurde, so erschloß sie doch in dichterischer Sprache das Originalwerk Shakespeares. Zur Scheidung der Geister aber führte Gotthold Ephraim Lessing (1729-81) in seinen "Briefen, die neueste Literatur betreffend" (1759-65) und in der "Hamburgischen Dramaturgie" (1767-69). Mit dem 17. Literaturbrief von 1763 war die Bahn gebrochen für eine neue Auffassung Shakespeares aus germanischem Denken und aus einem neuen Empfinden für die menschlichen Hintergründe wahrer Tragik. Die Stürmer und Dränger, Herder, Goethe und August Wilhelm Schlegel haben dann das Shake-

spearebild geschaffen, das in seinen Grundzügen bis in unsere Tage maßgeblich blieb.
An Borcks noch recht unzulänglicher Übersetzung des "Julius Cäsar" (1741) hatte sich in Deutschland die Auseinandersetzung um Shakespeare entzündet. Aber gerade dieses Werk mußte verhältnismäßig lange auf die erste deutsche Aufführung warten. Der große Friedrich Ludwig Schröder in Hamburg versagte sich die Erstaufführung gerade dieses Werkes, "weil er für seine Darstellung seine und seines Ensembles Fähigkeiten für unzulänglich hielt". Erst am 24. April 1785 erschien "Julius Cäsar" zum ersten Male auf einer deutschen Bühne. Wolfgang Heribert von Dalberg, der große Intendant des Mannheimer Nationaltheaters, spielte eine eigene, auf Wielands Prosaübersetzung beruhende Fassung, die als einzige der neun von Dalberg gespielten Shakespearebearbeitungen auch im Druck vorgelegt wurde. Das Stück wurde in einer auch für das Mannheimer Nationaltheater jener Jahre ungewöhnlich reichen Ausstattung von Giulio Quaglio gegeben und hatte einen fast sensationellen Erfolg. Der Kurfürst selbst hat sich die Aufführung dreimal angesehen. Die Dalbergsche Fassung wurde dann verschiedentlich nachgespielt, so 1788 in München und 1789 in Weimar, noch bevor Goethe maßgeblichen Einfluß auf das dortige Hoftheater hatte.
Aber die philologische Beschäftigung mit Shakespeare ging weiter. 1797 legte August Wilhelm Schlegel im zweiten Band der Shakespeare-Übersetzungen, der bei Unger in Berlin erschien, seine Übertragung des "Julius Cäsar" in Blankversen vor. Die Uraufführung dieser ganz dem Original folgenden Übersetzung fand am 1. Oktober 1803 in Weimar statt. Ihr Bühneneindruck hat Schiller "in die tätigste Stimmung versetzt", die freiere Kompositionstechnik des "Tell" wird als Wirkung dieser Aufführung angesehen. Schon ein Jahr später spielte Iffland diese Übersetzung in Berlin. Während er in Mannheim den Cassius dargestellt hatte, übernahm er in Berlin die Rolle des Brutus. Nach und nach folgten alle anderen großen Bühnen Deutschlands. In Wien veranlaßte Franz Holbein Friedrich

Hebbel, eine Bearbeitung des "Julius Cäsar" vorzunehmen, der "nicht sprechbare Text Schlegels" sollte umgeschrieben werden. Es handelte sich also nur um eine Textredaktion. Die Aufführung wurde dann von der Zensur nicht zugelassen. Neue starke Impulse gingen im 19. Jahrhundert von den Meiningern aus. Vom Vorbilde des Charles Kean (1811-68), der 1850-59 als Direktor des "Prince's Theatre" in London Shakespeareinszenierungen brachte, die durch unbedingte historische Treue der Ausstattung und der Kostüme, sowie durch Ensemblespiel und Massenregie Aufsehen erregten und in ganz Europa als vorbildlich galten, wurde Georg II. von Sachsen-Meinigen angeregt, bereits 1867 den "Cäsar" in geschichtlich getreuen Kostümen und Dekorationen, für die er sich prominente Fachgelehrte verschrieb, zu spielen. Am 1. Mai 1874 eröffnete er das Berliner Gastspiel der Meininger mit dem gleichen Drama, das dann mit 330 Aufführungen das am meisten gespielte Reisestück der Truppe wurde und in der ganzen damaligen Kulturwelt gezeigt wurde.

Weitere deutsche Aufführungen, die beispielgebend wurden, waren die Max Reinhardts am Berliner Großen Schauspielhaus (1920), bei der Werner Krauß den Cäsar spielte, und die auf einem vorhanglosen Stufenpodium des Nibelungensaales im Mannheimer Rosengarten (1920/21). Viel Beachtung fand auch der Römerdramenzyklus Saladin Schmitts in Bochum (1937), bei dem Horst Caspar an einem Abend den jungen Marc Anton (im "Cäsar"), am anderen den alten (in "Antonius und Cleopatra") spielte. Die "Cäsar"-Tragödie gehört heute wie früher nicht zu den am häufigsten gespielten Werken Shakepeares. Das beruht aber keineswegs auf einer geringeren Schätzung, sondern vor allem wohl darauf, daß die Theater den großen Aufwand an Darstellern und die Massenszenen scheuen, auch nicht immer die erforderliche Zahl an Charakterdarstellern, die dieses Werk erfordert, verfügbar haben. Aber eine Aufführung des "Julius Cäsar" ist doch das Ziel jedes Regisseurs und Bühnenleiters von Rang und der Wunsch jedes begabten Schauspielers. In neuster Zeit hat auch der Film einen sehr wesentlichen Beitrag zur Verbreitung gerade dieses Werkes geleistet. Joseph Mankiewicz hat den Versuch gewagt, dieses Stück in engster Anlehnung an das Bühnenoriginal mit hervorragenden Darstellern zu übertragen (Metro-Goldwyn-Mayer). Auch wenn dem deutschen Publikum manches fremd, zu "amerikanisch" erscheinen mochte, so kann man von diesem Film, der Millionen von Kinobesuchern Shakespeares Kunst zum ersten Male erschlossen hat, sagen, daß die Konzeption des Regisseurs von tiefer Achtung vor dem dichterischen Wort getragen war, daß Shakespeare sein Drehbuchautor ist.

3.2 DIE QUELLEN DES "JULIUS CÄSAR"

Den Stoff zu "Julius Cäsar" entnahm Shakespeare den "Lebensbeschreibungen" (Vitae parallelae) des griechischen Schriftstellers und Historikers Plutarch (48-120 n. Chr.). Er benutzt nicht das Original, wozu vielleicht seine griechischen Kenntnisse nicht ausgereicht hätten, sondern die 1579 erschienene Übersetzung des Thomas North, der wiederum aus der französischen Übertragung "Vie des hommes illustres" (1559) des gelehrten französischen Bischofs Jacques Amyot übersetzt hatte. Die Biographien des Cäsar, Brutus und Antonius in dieser Übersetzung sind Shakespeares Quellen. Im Gegensatz zu früheren Werken folgt der Dichter hier den Quellen sehr genau, bis in die Einzelheiten der darin geschilderten Begebenheiten. So hat er den Wettlauf am Lupercalienfest und das komische Intermezzo des Poeten Cinna bei Plutarch vorgefunden.

Ob Shakespeare auch Appians im 2. Jahrhundert nach Chr. geschriebene römische Geschichte der republikanischen Zeit benutzt hat, die 1578 in englischer Übersetzung gedruckt worden war, und in der die Reden stehen, die Brutus und Antonius nach der Ermordung Cäsars hielten, ist unsicher. Jedenfalls stehen alle Züge, die sich bei Appian finden, auch schon bei Plutarch. Noch weniger

gesichert ist, daß Shakespeare die Lebensbeschreibung Cäsars von Sueton (70-140 n. Chr.) gekannt hätte. Es besteht auch keine Wahrscheinlichkeit dafür, daß Shakespeare von irgendeiner früheren dramatischen Gestaltung des gleichen Stoffes beeinflußt worden wäre. Man hat geglaubt, in dem 1594 in Verona erschienenen Drama "Cesare" des Orlando Pescetti die Quelle Shakespeares ermittelt zu haben, weil beide gemeinsam in gewissen Zügen von Plutarch abweichen. Aber abgesehen davon, daß es rätselhaft erscheint, wie Shakespeare dieses zur Zeit der Entstehung seines "Julius Cäsar" verhältnismäßig junge Werk kennengelernt haben soll, sind die Berührungspunkte doch nicht wesentlich genug, als daß ein Zusammenhang zwingend zu erschließen wäre. Man hat an die Möglichkeit gemeinsamer Abstammung von einer unbekannten Quelle gedacht, aber auch dazu besteht keine Notwendigkeit. Alles, was Shakespeare brauchte, fand er bei Plutarch.
Gelegentlich wurde darauf hingewiesen, daß die beiden Reden, besonders die des Antonius, Forderungen entsprechen, die Cicero in seinen Büchern "De oratore" (Vom Redner) aufstellt. Es ist vor allem der Ratschlag, erst dann an die Gefühle der Zuhörer, an Schmerz, Haß, Unwillen, Furcht, Mitleid zu appellieren, wenn man sich selbst von solchen Gefühlen bewegt zeigt. Ob Shakespeare Ciceros Schrift vom Redner gekannt hat oder nicht, er war ein so feiner und tiefdringender Beobachter der menschlichen Natur, daß er ohne weiteres zu denselben Ergebnissen kommen konnte wie der römische Schriftsteller. Gewisse Anhaltspunkte wie das Entblößen der Wunden Cäsars, um Mitleid und Haß zu erwecken, fand er auch schon bei Plutarch.
Im Gegensatz zu Holinshed, den Shakespeare so oft auswertete, war Plutarch kein Chronist, der einfach Stoff sammelte, sondern ein großer, feingestaltender Schriftsteller. Er beherrschte ebenso die Kunst der Konzentration, die Scheidung von Wesentlichem und Unwesentlichem, wie die feine Charakterisierung. Weil er immer einen großen Griechen und einen wesensverwandten Römer einander gegenüberstellte, mußte er die Charakterzüge sorgfältig und

so genau und eindeutig wie möglich herausarbeiten. Damit hat er dem dramatischen Dichter das Material gründlich vorbereitet. Shakespeare folgte auch in der Gestaltung der Charaktere in allen wesentlichen Zügen seiner Quelle.
Wo Shakespeare über Plutarch hinausgeht, wird er von dramaturgischen Zwecken gelenkt. Er muß die sich über einen weiten Zeitraum erstreckenden Ereignisse raffen. Es vergingen zwei Jahre zwischen der Ermordung Cäsars und der Schlacht von Philippi (44-42 v. Chr.). Sie waren erfüllt von langwierigen politischen und kriegerischen Verwicklungen, bis sich endlich die beiden Parteien der Triumvirn und der Verschworenen klar herausbildeten. Das alles übergeht Shakespeare, er faßt die Ereignisse straff zusammen, so wie er auch die Rede des Antonius im Widerspruch zur Geschichte unmittelbar auf die Ermordung Cäsars folgen läßt. Shakespeares Werk ist keine Historie, nicht dramatische Darstellung eines geschichtlichen Ablaufes. Die große geschichtliche Tragödie des republikanischen Rom bildet doch nur den gewaltigen Hintergrund des Kampfes zwischen Würde und Macht, der Revolution aus hohem, idealem Motiv, wie sie im Schicksal des Grafen Essex jedenfalls in der öffentlichen Meinung Shakespeares Zeit erschütterte. In diesem Sinne ist "Julius Cäsar" wiederum "das Tor", durch welches der Dichter auf dem Wege zu seinen großen Tragödien gehen mußte.

3.3 GANG DER HANDLUNG

1. Akt

1. Szene

Am Lupercalienfeste wogt die freudig erregte Volksmenge in festtäglicher Gewandung durch die Straßen Roms, um den Triumphzug Cäsars, der für seinen Sieg über die Söhne des Pompejus so geehrt wird, zu sehen. Die beiden Volkstribunen Flavius und Marcullus, getreue Anhänger der republikanischen Idee, sehen mit Unwillen diese allgemeine Begeisterung für den zum mächtigsten Mann Roms gewordenen Cäsar. In ausgelassenen, scherzhaften Wortverdrehungen antwortet ihnen ein Flickschuster auf ihre strengen Fragen nach dem ungewohnten Feiertag. Auch daraus spricht die allgemeine freudige Erregung. In heftigen Worten halten die beiden Tribunen ihren Mitbürgern den Undank gegen den einst so geliebten Pompejus vor. Sie erreichen schließlich, daß die bedenklich gewordene Menge sich zerstreut. Dann eilen sie fort, um die Götterbilder an den Straßen des Schmuckes zu entkleiden, mit denen der triumphierende Cäsar sie behängen ließ. Sie wollen verhindern, daß Cäsar allzu hoch über die anderen Menschen emporwächst.

2. Szene

Cäsar mit seiner Gemahlin und Gefolge ist auf dem Weg zum Lupercalienfest, um den feierlichen Wettlauf der Priester zu sehen. Auch Antonius ist zur Teilnahme am Lauf gerüstet. Cäsar rät seiner Gattin, sich dem Antonius während des Laufes in den Weg zu stellen. Er erinnert auch Antonius daran, daß er Calpurnia berühren möchte, da ein alter Glaube besagt, daß unfruchtbare Frauen, die von einem der am Wettlauf teilnehmenden Priester berührt werden, sich "des Fluchs" der Kinderlosigkeit "entladen". Ein Wahrsager ruft aus der Menge, die Cäsar umdrängt, und warnt ihn vor den Iden des März. Dreimal läßt sich Cäsar die Warnung wiederholen, aber dann schickt er den Wahrsager fort. Während die Menge Cäsar folgt, bleiben Brutus und Cassius allein zurück. Cassius fordert Brutus auf, sich das Spiel anzusehen, aber Brutus lehnt ab. Er möchte aber nicht, daß Cassius seinetwegen die Spiele versäumt. Vorsichtig versucht Cassius nun, die Gründe für die Veränderung im sonst so ausgeglichenen Wesen des Brutus herauszufinden. Anfangs stellt er sich, als ob er glaube, der Unmut des Brutus sei gegen ihn, den

alten Freund, gerichtet. Aber Brutus erklärt ihm, daß er mit sich selbst uneins, “mit sich im Krieg” sei. Cassius erinnert ihn daran, daß er ihm immer ein zuverlässiger Freund war und Vertrauen verdient.
Jubel des Volkes aus der Ferne unterbricht das Gespräch. Es veranlaßt Brutus, seine Besorgnis auszusprechen, das Volk könne Cäsar zum König ausrufen. Sofort hakt Cassius ein. Wenn Brutus es befürchtet, so will er es also nicht. Brutus weicht aus. Er möchte nicht gern einen König in Rom haben, aber er liebt Cäsar. Nun stellt ihm Cassius vor, daß der so groß gewordene Cäsar eigentlich nichts vor anderen voraus hat, was ihn berechtigt, sich über alle anderen Römer zu erheben. Er konnte nur so aufsteigen, weil es in Rom an anderen Männern fehlt. Brutus gibt zu, daß er den jetzigen Zustand Roms unerträglich empfindet.
Die Spiele sind beendet. Cäsar und sein Gefolge kommen zurück. Cäsar ist augenscheinlich ärgerlich, und die anderen sehen bedrückt aus. Antonius gegenüber spricht Cäsar sein Mißtrauen gegen Cassius aus, der zu viel denkt. Sein Vertrauter will ihn mit der Versicherung, Cassius sei ein edler und wohlgesinnter Mann, beruhigen. Aber Cäsar bleibt bei seiner Meinung. Wenn er überhaupt der Furcht fähig wäre, würde er Cassius fürchten.
Brutus hat Casca am Ärmel gezupft, um ihn zurückzuhalten und von ihm zu erfahren, was geschehen ist. In seiner mürrischen Art berichtet Casca mit vielen hämischen Randbemerkungen über Cäsar und den Pöbel, wie Antonius dreimal dem Cäsar eine Krone anbot. Unter dem Jubel des Gesindels wies er sie dreimal zurück. Beim dritten Male erlitt er einen epileptischen Anfall, für den er sich dann beim Volke entschuldigte. Cassius erkennt, daß Casca ihm ein wertvoller Verbündeter bei seinen Plänen werden kann, und lädt ihn zum Essen ein. Zu Brutus will er selbst am nächsten Tage gehen. Als Brutus und Casca ihn verlassen haben, spricht er in einem Monolog über seine Absicht, Rom von seinen Tyrannen zu befreien.

3. Szene

In einer Gewitternacht treffen Casca und Cicero auf der Straße zusammen. Casca ist in höchster Erregung und berichtet von schrecklichen Wundererscheinungen, die Unheil verkünden. Von Antonius weiß er auch, daß Cäsar am nächsten Tag im Senat erscheinen wird. Cicero eilt vor dem Unwetter nach Hause, gleich darauf stößt Cassius auf Casca. Er deutet ihm das Unwetter und die schrecklichen Erscheinungen als Zeichen des Unwillens der Götter über den Zustand des Staates und die überragende Macht Cäsars. Casca bestätigt darauf, daß der Senat beabsichtigt, Cäsar am nächsten Tage die Würde eines Königs über das römische Reich zu übertragen. Nur in Italien soll er diesen Titel nicht führen. Erregt ruft Cassius aus, daß er sich dann durch seinen Dolch aus der Knechtschaft befreien werde. Casca gesteht, daß er ebenso handeln werde. Nun weiht Cassius ihn in den Plan der Verschwörung ein. Er findet Casca fest entschlossen, sich an der Ausführung dieses Planes zu beteiligen. Cinna erscheint und unterbricht das Gespräch mit der Meldung, daß die Verschwörer Cassius in der Halle des Pompejus erwarten. Cassius klärt Casca nun auch darüber auf, daß er der inneren Bereitschaft des Brutus sicher sei.

2. Akt

1. Szene

Die Überzeugung hat sich in Brutus festgesetzt, daß nur durch Cäsars Tod die Freiheit Roms gerettet werden kann. Persönlich hat er keinen Grund, gegen Cäsar vorzugehen, nur die Sorge um das Wohl des Staates kann ihn dazu bestimmen. Er muß sich auch gestehen, daß er Cäsar niemals tyrannisch gesehen hat. Niemals ließ er sich von seinen Leidenschaften beherrschen. Aber niemand kann voraussagen, was aus ihm wird, wenn er gekrönt, im alleinigen

Besitz aller Macht ist. Die Möglichkeit, daß er die Größe mißbraucht, ist zu befürchten.
Der Diener kommt zurück und meldet, daß er die brennende Kerze in das Zimmer gestellt hat. Auf dem Fenstersims fand er ein versiegeltes Blatt, das vorher nicht dort war. Brutus liest darauf: “Brutus, du schläfst. Erwach und sieh dich selbst! Soll Rom ...?” In leicht zu deutenden Worten wird er aufgefordert, durch den Tod des Tyrannen die Republik wieder aufzurichten. Er ist entschlossen dazu.
Die Verschwörer treten vermummt auf und werden von Cassius einzeln dem Brutus vorgestellt. Er weist es zurück, daß die Verschworenen sich durch einen Eid binden sollen. Das Motiv ihrer Tat allein ist die Bindung, die sie zusammenhält, die gemeinsame Liebe zur überlieferten Freiheit. Ein edler Römer hält auch ohne Eid sein Wort. Dann wird die Frage erörtert, ob nicht auch Cicero für die Verschwörung gewonnen werden soll. Einige der Verschwörer sind dafür, weil sie erwarten, daß sein Ansehen ihre Sache leichter vor dem Volke rechtfertigen läßt. Brutus verhindert es. Cassius schlägt dann vor, mit Cäsar auch den ihm treu ergebenen Antonius zu ermorden. Brutus widerspricht ebenfalls. Er ist überzeugt, daß mit dem Tode Cäsars auch der Geist der Tyrannei tödlich getroffen wird. Sie wollen nur das Notwendige tun, Cäsar der Freiheit opfern, nicht aber morden. Auch hält Brutus den Antonius nicht für bedeutend genug, als daß er eine Gefahr für sie werden könnte. Cassius meint besorgt, Cäsar sei in der letzten Zeit abergläubisch geworden. Es stehe zu befürchten, daß er durch die unheildrohenden Zeichen der Nacht veranlaßt werde, dem Senat fernzubleiben. Darauf übernimmt es Decius Brutus, ihn in solchem Falle durch Überredung auf das Kapitol zu locken. Dem Vorschlag des Metellus Cimber, auch den Pompejaner Ligarius für die Verschwörung zu gewinnen, stimmt Brutus zu. Brutus' Frau Portia tritt auf. Sie ist stark genug, auch das schwerste, gefährlichste Geheimnis zu teilen. Ligarius tritt dazwischen. Trotz seiner Krankheit ist er entschlossen, den Weg zu gehen, auf dem ihm Brutus vorangeht. Beide verlassen das Haus, um sich zu Cäsar zu begeben.

2. Szene

Die Unruhe der Gewitternacht hat auch Cäsar die Ruhe geraubt. Er schickt einen Diener zu den Auguren, um deren Meinung über den Tag zu erfahren. Calpurnia bittet Cäsar, heute keinen Schritt aus dem Hause zu gehen. Sie erzählt nun von den schrecklichen Wunderzeichen, die von Leuten aus dem Hause gesehen und berichtet wurden, und wenn sie sonst auch nicht viel von Vorzeichen hielt, heute fürchtet sie sich. Cäsar aber erklärt, daß nichts geschehen kann, den Willen der Götter zu verhindern.
Ein Diener meldet, daß auch die Auguren Cäsar bitten, heute nicht auszugehen. Als sie ein Opfertier ausnahmen, fanden sie kein Herz darin. Cäsar aber deutet dieses ungeheure Wunder auf die Feigheit. Wenn er sich fürchtete und zu Hause bliebe, so wäre er ein Tier ohne Herz. Nun bittet ihn Calpurnia, die sieht, daß Cäsars Zuversicht größer ist als seine Einsicht, ihretwillen nicht auszugehen. Da gibt Cäsar nach. Mark Antonius soll sagen, er sei unpäßlich. Decius Brutus, der in diesem Augenblick kommt, stimmt ihn aber rasch um. Nun drängt ihn Decius weiter mit Meldung, daß Roms Senat ihm heute eine Krone geben wolle. Da kommen auch die Verschwörer, um ihn abzuholen. Mit allen Zeichen herzlicher Freundschaft bewillkommnet sie Cäsar. Auch den Ligarius, der sich mit ihm entzweit hatte, nimmt er als alten Kriegskameraden und Freund mit der Versicherung seiner Liebe auf. Zuletzt kommt auch Mark Anton, um Cäsar abzuholen. Er wird mit einem gutmütigen Scherz empfangen. Dann drängt Cäsar, daß man sich zum Gang auf das Kapitol fertig macht.

3. Szene

Auf einer Straße in der Nähe des Kapitols tritt der Sophist Artemidorus auf, der einen geeigneten Platz sucht, auf dem er Cäsar einen als Bittschrift getarnten Zettel überreichen will, in dem er die Verschwörung enthüllt. Er überliest den Zettel noch einmal. Die

Namen aller Verschwörer sind darauf aufgezählt. Mit Worten, die seine Besorgnis ausdrücken, Cäsar könne seine Warnung mißachten, geht er weiter.

4. Szene

Portia hat es im Hause nicht mehr ausgehalten. Sie geht auf die Straße, um zu hören, was auf dem Kapitol geschieht. In ihrer Angst und Unruhe schickt sie den Diener Lucius zum Senat, um nach seinem Herrn zu sehen. Der Wahrsager, der Cäsar vor den Iden des März warnte, geht vorüber. Er will noch einmal versuchen, Cäsar zu sprechen und ihm seine Befürchtung mitzuteilen. Portia bleibt allein zurück.

3. Akt

1. Szene

Vor dem Sitzungssaal des Senats auf dem Kapitol wartet ein Haufe Volkes auf Cäsar. Drinnen schreiten die Verschworenen zur Tat. Wie verabredet, kniet Metellus Cimber vor Cäsar nieder, um von ihm dle Rückkehr des verbannten Bruders zu erflehen. Aber er wird sofort von Cäsar unterbrochen, dem jedes unterwürfige Wesen an einem Römer zuwider ist. Darauf werfen sich auch Brutus und Cassius vor ihm nieder, Cäsar aber bleibt fest. Wenn er selbst zu bitten vermöchte, um zu rühren, so ließe er sich auch durch Bitten rühren. Aber er ist unbeweglich wie der Polarstern. Nun knieen auch Cinna und Casca vor ihm nieder. Noch einmal mahnt sie Cäsar, daß sie umsonst knieen. Da sagt Casca: “Dann Hände, sprecht für mich” und stößt Cäsar von rückwärts den Dolch in den Nacken. Cäsar fällt ihm in den Arm. Auch die anderen Verschworenen stechen nun auf ihn ein. Erst als Cäsar auch Brutus unter ihnen erkennt, ruft er aus:

“Brutus auch du? So falle Cäsar!” Er verhüllt sein Haupt mit dem Mantel, stürzt nieder und stirbt. Entsetzt fliehen das Volk, die Senatoren und Antonius.

Als erster verkündet Cinna: “Befreiung! Freiheit! Die Tyrannei ist tot!” Cassius drängt darauf, daß sie sofort dem Volk von der Rednerbühne aus die Freiheit und Wiederherstellung des alten Rom verkünden. Brutus spricht beruhigend auf das fliehende Volk ein. Dem alten Publius gibt er die Versicherung, daß niemand außer Cäsar angetastet werden solle. Er schickt ihn nach Hause, damit ihm kein Leid geschieht, wenn es etwa zu Unruhen kommen sollte. Noch einmal erinnert Brutus seine Mitverschworenen daran, daß kein Haß gegen Cäsar, sondern nur die Sorge um das allgemeine Wohl sie zu dieser Tat geführt hat. Wie Opferpriester sollen sie jetzt den Ritus vollziehen, die Hände und Schwerter in das Blut des der Freiheit geopferten Cäsar tauchen und dann vor das Volk hintreten, um die wiederhergestellte Freiheit Roms zu verkünden.

Antonius erscheint und beklagt zutiefst den Tod Cäsars. Er fordert die Verschwörer auf, wenn sie ihm feindlich gesinnt seien, ihn auf der Stelle zu töten. Er wisse für seinen Tod keine geeignetere Stunde als die, in der Cäsar fiel. Brutus beteuert ihm, daß niemand auf seinen Tod sinnt, daß sie bereit sind, ihn als Freund aufzunehmen. In ihren Herzen teilen sie den Schmerz um den Tod Cäsars, nur “das Mitleid gegen Roms gesamte Not” führte sie zur Tat. Der praktisch denkende Cassius sagt Antonius zu, daß er bei der bevorstehenden Verteilung der Ämter berücksichtigt werden wird. Brutus bittet Antonius nun, sich zu gedulden, bis das Volk beruhigt sei, dann würde er ihm die Gründe dafür mitteilen, weshalb er Cäsar, den er liebte, erschlug.

Antonius erklärt, daß er seiner Weisheit vertraue. Dann reicht er jedem der Verschwörer zum Zeichen seiner Freundschaft die Hand. Gleich darauf aber läßt er seinem Schmerz um Cäsars Tod freien Lauf und würdigt den Toten in schwungvollen Worten. Dann bittet er um die Erlaubnis, Cäsars Leiche auf dem Forum ausstellen und ihm die Leichenrede halten zu dürfen. Gegen den Willen des Cassius

stimmt Brutus auch hier zu. Er will aber selbst vor des Antonius Leichenrede zum Volke sprechen und die Gründe für die Ermordung Cäsars darlegen. In einem Monolog prophezeit Antonius furchtbare Rache, einen Bürgerkrieg will er entfesseln, der alle Greuel, die die Welt bisher gesehen, weit hinter sich läßt.
Ein Diener kommt hinzu und meldet, daß Octavius, der Neffe, Adoptivsohn und Erbe Cäsars, auf dem Wege nach Rom ist und in Kürze eintrifft.

2. Szene

Auf dem Forum hat sich die Volksmenge versammelt und verlangt stürmisch Rechenschaft über Cäsars Tod. Brutus und Cassius erscheinen. Cassius wird aufgefordert, in eine andere Straße zu gehen, um dort zum Volke zu sprechen. Dann betritt Brutus die Rednerbühne. In kurzen prägnanten Sätzen erklärt er dem Volke, daß er Cäsar trotz seiner Liebe zu ihm erschlagen habe, weil er ehrgeizig (herrschsüchtig) war und Roms Freiheit bedrohte. In scharf pointierten Wendungen appelliert er an die Ehre, die Kultur und die Freiheits- und Vaterlandsliebe des römischen Volkes. Er hat Cäsar nichts getan, was ihm nicht jeder ehrenwerte Römer auch tun müßte, wenn er wie Cäsar wäre. Während Antonius mit Cäsars Leiche erscheint, beendet Brutus seine Rede. Das Volk jubelt ihm zu, will ihn als Retter Roms im Triumph nach Hause geleiten, ihm ein Bildnis bei seinen Ahnen aufstellen. In völliger Verkennung seiner Absichten will das Volk ihn krönen. Brutus aber bittet seine Mitbürger zu bleiben und die Leichenrede des Antonius anzuhören, der mit ausdrücklicher Erlaubnis der Verschwörer spricht. Dann geht er allein fort. Antonius betritt die Rednerbühne. Vorsichtig sich an die Stimmung des Volkes herantastend und unter der ständig wiederholten, aber deswegen gerade entwerteten Versicherung, daß Brutus ein ehrenwerter Mann sei, ebenso wie die anderen Verschwörer, widerlegt er an charakteristischen Beispielen des Brutus

Begründung, daß Cäsar herrschsüchtig gewesen sei. Er rühmt seine Tapferkeit, seine Eroberungen, die große Beute, mit der er Rom reich machte, die Zurückweisung der Krone beim Lupercusfest. Als er merkt, daß ihm das Volk folgt, schlägt er einen anderen Ton an und appelliert an das Mitleid. Er will ehrenwerten Männern wie Brutus und den Verschworenen nicht Unrecht tun, lieber tut er dem Toten Cäsar Unrecht, der das Volk mehr liebte, als es wissen darf. Dabei zeigt er Cäsars Testament, erklärt aber, daß er es nicht lesen dürfe, weil er sonst Aufruhr befürchten müsse. Als die Stimmung des Volkes umschlägt, steigt Antonius von der Rednerbühne herab und zeigt dem Volke den von so vielen Dolchen zerfetzten Mantel Cäsars. Schon ist die Wut des Volkes auf dem Höhepunkt. Antonius mahnt nun scheinheilig die Menge, sich nicht zum Aufruhr hinreißen zu lassen. Die Verschwörer würden sicher mit guten Gründen für die Ermordung Cäsars Rechenschaft ablegen. Dann aber treibt er seine demagogische Rede auf den Gipfel. Klagend erklärt er seine eigene Redekunst für ohnmächtig, das zu tun, was Cäsars Wunden tun würden, wenn sie sprechen könnten: selbst die Steine Roms zur Empörung aufrufen. Und als nun das Volk schon nach Feuerbränden schreit, um das Haus des Brutus in Brand zu setzen, spielt er seinen letzten und wirksamsten Trumpf aus. Er verrät dem Volke, daß Cäsar es zu seinem Erben eingesetzt hat, daß er jedem Bürger fünfundsiebzig Drachmen und der Bürgerschaft insgesamt seine Lustgärten vermacht. Nun gibt es für die Menge kein Halten mehr. Bänke und Fensterläden werden eingerissen. Mit Cäsars Leiche zieht das Volk ab, um sie feierlich zu verbrennen. Wilde Drohungen gegen Brutus und die Verschwörer hallen über das Forum. Befriedigt sieht Antonius die Wirkung seiner Rede. Im gleichen Augenblick bringt ihm ein Bote die Nachricht, daß Octavius in Rom angekommen ist und sich mit Lepidus in Cäsars Haus befindet. Brutus und Cassius aber sind wie toll durch die Tore Roms geritten, vor der Volkswut geflohen. Antonius läßt sich von dem Diener zu Octavius führen.

3. Szene

Der Dichter Cinna ist auf dem Weg zu Cäsars Leichenbegräbnis. Er stößt auf einen Haufen des Volkes, der ausgezogen ist, die Häuser der Verschwörer in Brand zu stecken. Als der aufgeregte Pöbel seinen Namen hört, will er ihn zerreißen. Er verteidigt sich, er sei der Dichter und nicht der Verschwörer Cinna. Aber sein Name genügt der entfesselten Menge. Spottrufe auf seine schlechten Verse tönen dazwischen. Nichts kann ihn retten, das Volk rast und schont in seiner Wut auf den Schuldlosen nicht. Blinde Mord- und Zerstörungssucht treibt es vorwärts.

4. Akt

1. Szene

Im Hause des Antonius beraten die Triumvirn Antonius, Oktavius und Lepidus die Liste der Geächteten. Auch ihre eigenen Verwandten verschonen sie dabei nicht. Antonius schickt Lepidus dann zu Cäsars Haus, das Testament zu holen. Jetzt, da er sein Ziel, den Aufruhr, erreicht hat, will er an den Vermächtnissen kürzen, was noch möglich ist. Als Lepidus sich entfernt hat, spricht Antonius seine sehr geringschätzige Meinung über diesen Mann aus. Auf die vorsichtigen Einwände des Oktavius, daß Lepidus immerhin die Verantwortung für die Proskriptionen teile, schlägt Antonius vor, daß sie sich seiner als Werkzeug bedienen sollen, so lange sein Ansehen ihrer Sache nütze, ihn dann aber beiseite zu schieben. Darauf teilt er Oktavius mit, daß Brutus und Cassius Truppen sammeln, denen sie schleunigst mit aller verfügbaren Macht begegnen müssen. Auch warnt er vor heimlichen Feinden. Oktavius stimmt zu.

2. Szene

Im Lager bei Sardes in Kleinasien erwartet Brutus den Besuch des Cassius, der ihm durch Pindarus angekündigt wurde. Das alte Einverständnis zwischen ihnen ist gestört. Brutus will verhindern, daß der Zwist der Feldherren den Heeren bekannt wird.

3. Szene

Im Zelt des Brutus macht Cassius Brutus Vorwürfe, weil er Lucius Pella verurteilt habe, weil er von den Bewohnern von Sardes Bestechungsgelder erpreßte. In einer Zeit des Bürgerkrieges dürfe man nicht jeden kleinen Fehler bekritteln. Darauf antwortete Brutus, daß Cassius selbst verschrieen sei, weil er Ämter an Männer verkaufe, die sie nicht verdienten. Damit reizt er Cassius so, daß dieser mit Gewalt droht. Brutus erinnert ihn daran, was die Ursache ihrer jetzigen Lage sei. Um einer reinen, edlen Sache willen mußte der große Cäsar bluten. Die Männer, die den ersten aller Männer dieser Welt erschlugen, dürfen jetzt ihre Hände nicht mit schnöden Bestechungsgeldern besudeln.

Cassius droht erregt noch gewichtiger, aber Brutus weicht nicht von seinem Standpunkt. Da lenkt Cassius ein. Er bestreitet, Hilfsgelder, die Brutus für seine Legionen von ihm erbat, verweigert zu haben. Der Bote habe seine Nachricht falsch übermittelt. Dann beklagt sich Cassius darüber, daß Brutus ihn nicht mehr lieben würde, nur nach seinen Fehlern suche. Er will nicht mehr leben und bietet Brutus den Dolch, damit er ihn erstechen soll. Da lenkt Brutus ein. Er bietet ihm die Hand, um die alte Freundschaft zu erneuern.

Während sich die Spannung des Zornes löst, dringt ein alberner Dichterling in das Zelt ein, der mit grausam entstellten Versen Homers die hadernden Feldherren wieder versöhnen will. Der sprunghafte Cassius kann schon wieder herzlich über ihn lachen. Brutus aber jagt ihn hinaus.

Zum Kriegsrat kommen die Unterfeldherren Titinius und Messala. Brutus teilt ihnen mit, daß er sichere Nachricht darüber hat, daß Antonius und Oktavius mit starker Macht heranziehen. Messala berichtet, daß er ähnliche Nachrichten habe. Auch die Proskription, der nach einer Meldung an hundert, nach anderer siebzig Senatoren, darunter Cicero zum Opfer gefallen sind, wird in den Briefen, die beide Feldherren erhielten, gemeldet. Messala sucht dann Brutus schonend den schrecklichen Tod der Portia mitzuteilen, und er bewundert die Seelenstärke, mit der dieser das Unglück trägt. Dann wird der Feldzugplan beraten. Brutus will den Feind so bald wie möglich bei Philippi aufsuchen. Cassius ist dagegen. Er möchte, daß der Feind sie aufsucht und durch den langen Marsch erschöpft wird, während sie ihn in ungebrochener Kraft erwarten können. Brutus wendet dagegen ein, daß sie auf dem Höhepunkt der Rüstung seien, der Feind aber dauernd stärker werde. Es stehe auch zu befürchten, daß er sich auf dem Zug durch Landstriche, die ihnen nur widerwillig gehorchten, weiter verstärken könne. Ungern weicht Cassius seinen Gründen. Er will am nächsten Tage vorauf nach Philippi ziehen. Bevor sie auseinandergehen, beteuern Brutus und Cassius noch einmal ihre Freundschaft.
Brutus findet keinen Schlaf. Während die beiden Diener Varro und Claudius mit ihm im Zelte schlafen sollen, befiehlt er Lucius, seinem Knaben, ihm eine Weise auf seinem Instrument zu spielen. Aber das übermüdete Kind schläft über der traurigen Weise, die es spielt, ein. Fürsorglich nimmt Brutus ihm das Instrument aus dem Arm, damit es nicht zerbricht. Dann beginnt er, in einem Buch zu lesen. Aber die Kerze brennt immer dunkler, eine Erscheinung nähert sich ihm, die sich seinen bösen Engel nennt, und in der er den Geist Cäsars erkennt. Auf seine Frage antwortet ihm dieser, daß er ihn bei Philippi wiedersehen solle.

5. Akt

1. Szene

Oktavius und Antonius haben mit ihrer Heeresmacht die Ebene von Philippi erreicht. Wie Oktavius voraussagt, besetzen die Truppen des Brutus und des Cassius die angrenzenden Höhen. Antonius hatte geglaubt, sie würden ihnen in der Ebene begegnen. Ein Bote meldet, daß die Feinde in Schlachtreihe anrücken. Als Antonius seinen Befehl zur Aufstellung ihrer Heere gibt, durchkreuzt Oktavius seinen Willen in so herrischer Weise, daß sich Antonius fügt.
In der Mitte zwischen beiden Heeren treffen sich vor der Schlacht die Feldherren zu einem Gespräch. Oktavius erklärt bündig, daß er das Schwert nicht wieder in die Scheide stecken werde, bis er Cäsars Tod gerächt oder ein neuer Cäsar, er selbst, durch der Verräter Schwert gefallen sei. Im Zeichen wilden Hasses trennen sich die Feldherren.
Cassius, dessen Geburtstag auf diesen Tag fällt, gesteht Messala, während Brutus dem Titinus leise Anweisungen gibt, daß er wider seine Gewohnheit und seine epikurische Lebensanschauung jetzt bereit sei, an Vorzeichen zu glauben. Von Sardes bis Philippi hätten zwei große Adler dem Heere das Geleit gegeben. Jetzt seien sie fortgeflogen. An ihrer Stelle schwärmen Raben, Krähen und Geier über das Feld, als warteten sie auf sicheren Raub. Dann fragt er Brutus, was dieser zu tun gedenke, falls die Schlacht verloren ginge. Brutus will sich dann ganz nach der Philosophie, zu der er sich bekennt, "in den Willen hoher Mächte" fügen. Dringlicher fragt Cassius, ob er sich gefallen lassen würde, als Gefangener durch die Straßen Roms geführt zu werden. Das verneint Brutus. Obwohl er früher bei Cato den Selbstmord verurteilt hat, hat er jetzt seinen Sinn geändert. Niemals wird er gebunden nach Rom gehen. Cassius und Brutus nehmen voneinander Abschied.

2. Szene

Die Schlacht ist im Gange. Brutus schickt Messala eilends zu Cassius mit der Aufforderung, sofort zu stürmen. Der Flügel des Oktavius, dem er gegenübersteht, wankt. Er will ihn jetzt durch einen schnellen Anfall über den Haufen werfen. Wenn auch die von Cassius befehligten Truppen sogleich von den Hängen herabkommen, ist die Schlacht gewonnen.

3. Szene

Während Brutus gegen Oktavius siegreich war, ist es Antonius gelungen, den von Cassius geführten Flügel zu umgehen und teilweise zu werfen. Umsonst tritt Cassius den Fliehenden entgegen. Dem Bannerträger, der sich ebenfalls zur Flucht wandte, hat er das Banner entrissen und trägt es nun erneut dem Feinde entgegen. Die Truppen des Brutus aber plündern in ihrer Siegesgewißheit bereits die Zelte des Oktavius. Pindarus kommt und dringt in den Feldherrn, weiter zu fliehen, da des Antonius Truppen bereits in sein Lager eingedrungen seien. Cassius schickt Titinus ins Lager zurück, um nachzuforschen, ob Freund oder Feind dort sei. Dann schickt er Pindarus auf einen Hügel, damit er den Ritt des Titinus verfolge. Pindarus beobachtet, wie Titinus von Reitern umringt wird, denen er zuerst davonspringt. Dann steigt er ab. Man hört das Jubelgeschrei der Reiter. Pindarus glaubt, Titinus sei gefangen. Da befiehlt ihm Cassius, ihn mit dem Schwert zu töten, mit dem er einst Cäsar erschlug. Für diesen Dienst schenkt er ihm die Freiheit. Pindarus führt den Befehl seines Herrn aus und flieht dann.
Titinus kommt zurück, Messala begleitet ihn. Nicht Feinde, sondern Freunde, Truppen des Brutus hat er getroffen. Sie gaben ihm einen Siegeskranz mit, den er Cassius überreichen soll. Er findet aber nur die Leiche des Cassius. Messala eilt davon, um Brutus die traurige Nachricht zu bringen. Titinus bleibt bei seinem toten Feldherrn, ehe

er sich selbst tötet. Brutus, der herbeigeeilt ist, findet nur die beiden Toten. Jetzt ahnt er, daß Cäsars Geist, der ihm erschien, noch mächtig ist, daß er das Schwert seiner Mörder gegen diese selbst kehrt. Aber er ist entschlossen, erneut das Schicksal herauszufordern.

4. Szene

Die Schlacht hat eine ungünstige Wendung für Brutus genommen. Mit dem jungen Cato gemeinsam bemüht er sich, die Fliehenden aufzuhalten. Mutig stellt sie sich dem Feinde. Der junge Cato fällt. Lucillius gibt sich für Brutus, der vom Kampfplatz abgedrängt worden ist, aus, um ihm Gelegenheit zu verschaffen, sich in Sicherheit zu bringen. Er hofft, so zu erreichen, daß die Feinde ihn sofort erschlagen und die Suche nach Brutus aufgeben. Er wird aber gefangen genommen, und Antonius muß seinen jubelnden Soldaten sagen, daß sie nicht Brutus gefangen haben. Lucillius aber prophezeit ihm, daß er den Brutus niemals lebend fangen werde. Antonius befiehlt, auch ihn gut zu behandeln. Er möchte solche treuen Männer lieber als Freunde haben. Dann schickt er Soldaten aus, nach Brutus zu suchen.

5. Szene

Mit wenigen Getreuen ist Brutus unter einem Felsen angelangt, wo sie kurze Rast finden. Jetzt ist auch für ihn das Ende gekommen. Er fordert seine Diener Clitus und Dardanius nacheinander heimlich auf, ihn zu töten. Aber beide verweigern ihm diesen Dienst. Dann bittet er seinen Freund und einstigen Schulkameraden Volumnius ihm das Schwert zu halten, damit er sich hineinstürzen könne. Erschüttert weist auch Volumnius diese Bitte zurück. Unterdessen kündigt das Getümmel der Fliehenden und der letzten Rückzugskämpfe an, daß sich die Feinde nähern. Alle fliehen, nur der Sklave

Strato bleibt bei Brutus. Dieser ist ganz ruhig. Er denkt über sein Leben nach und fühlt, daß er mehr Ruhm von diesem Unglückstag haben werde als die Sieger.
Clitus kommt zurück und fordert ihn auf zu fliehen. Brutus aber verlangt nun von Strato, ihm das Schwert zu halten.
Oktavius und Antonius mit ihren Gefangenen Messala und Lucillius kommen hinzu. Antonius hält dem toten Brutus seine Leichenrede. Er war der einzige, den nicht Mißgunst, sondern die hohe Absicht, dem Wohle des Staates zu dienen, unter die Mörder Cäsars führte. Oktavius befiehlt, die Leiche des Brutus mit allen Ehren zu bestatten. Über Nacht soll sie in seinem Zelte liegen. Dann wird das Heer zur Ruhe gerufen.

3.4 SPRACHLICHE UND SACHLICHE ERLÄUTERUNGEN

1. Szene

"nicht ohn ein Zeichen der Hantierung": engl. genauer: of your profession = eures Handwerkes, Berufes.
"... mache ich nur Flickwerk": Der Gefragte antwortet mit einer Reihe von unübersetzbaren Wortspielen, die auf dem Gleichlaut vieler Wörter im Englischen beruhen. Er sagt: "I am but a cobbler", was bedeuten kann: "ich bin nur ein Pfuscher" oder "ein Flickschuster". Marcullus mißversteht das Wort im ersten Sinne. Unübersetzbar ist auch die Stelle: " a mender of bad soles", das mit soul = Seele und sole = Sohle spielt. Ganz fort ließ Schlegel den Satz: "Truly, sir, all that I live by is wirth the awl: I meddle with no tradesman's matters, nor with womens matters, but with awl", der bedeutet: "Wahrhaftig, Herr, alles, womit ich lebe, ist die Ahle. Ich kümmere mich um keines Krämers Angelegenheiten und nicht um Weiberangelegenheiten, außer mit der Ahle". Der Witz liegt hier in dem Gleichklang von awl = Ahle und all = alle. Erst Flavius begreift den Spaßvogel und erkennt, daß er ein Flickschuster ist.

"so daß die Tiber bebt in ihrem Bett": diese Stelle erinnert an die Ode I, 20 des Horaz, der das gleiche Bild für den Beifall, den die Masse dem von Krankheit genesenen Mäzen darbrachte, als er zum ersten Male wieder im Theater erschien, gebraucht. Im modernen Sprachgebrauch hat Tiber männliches Geschlecht.
"Sieh, wie die Schlacken ihres Innern schmelzen!": Schlegel braucht hier ein ungeeignetes Bild, zu das ihn der englische Text veranlaßte. Beim Schmelzvorgang sollen gerade nicht die Schlakken, sondern das Metall soll schmelzen und sich von Schlacken reinigen. Engl. heißt die Stelle: "See, whe'r their basest metal be not moved" = Sieh, ob sich nicht ihr höchst schlechtes Metall schmelzen läßt".
"entkleidet dort die Bilder": gemeint sind die Götterbilder, die am Tage des Triumphes mit Kränzen und Ehrengaben des Triumphators geschmückt wurden.
"Lupercalienfest": Fest zu Ehren des Hirtengottes Faunus, der den Beinamen Lupercus, Wolfsabwehrer, hatte, am 15. Februar. Durch einen magischen Umlauf um die Hürden, den die nur mit einem Schutz aus den noch blutigen Riemen aus den Fellen vorher geopferter Tiere bekleideten Priester (Luperci) ausführten, sollte das Vieh gegen Raubtiere geschützt werden. Kinderlose Frauen stellten sich den Laufenden entgegen und ließen sich von ihnen mit den Lederriemen berühren, um so magisch den Segen der Ehe herbeizuführen. Die Luperci stammten aus den vornehmsten Häusern. Zu Cäsars Zeit war das Fest bereits zu einer Art Reinigungs- und Sühnefeier geworden.
"mit den Trophäen Cäsars": Siegeszeichen. Der Triumphator opferte den Göttern erbeutete Waffen, Kleider und Kostbarkeiten, die dem Volke zur Schau an die Götterbilder gehängt wurden.
"Dies wachsende Gefieder ausgerupft": Flavius spricht hier verächtlich von dem Volk, dem Pöbel (the vulgar). Cäsar ist ein Raubvogel, der über Rom schwebt, und dessen Gefieder durch den ihm anhängenden Pöbel verstärkt wird. Man muß diese Masse von ihm fernhalten, weil sie ihn sonst allzu hoch erhebt.

2. Szene

"Antonius zum Wettlauf gerüstet": In Wirklichkeit war es kein Wettlauf, sondern ein ritueller Lauf. Shakespeare gebraucht zunächst das Wort "the course", das einfach Lauf bedeuten kann, wendet dann aber auch "holy chase" und "games" an, so daß als sicher anzusehen ist, daß er sich einen Wettlauf vorgestellt hat.
"deshalb begrub hier diese Brust": weil Cassius glaubte oder sich wenigstens so stellt, als ob er geglaubt habe, der Unwillen des Brutus (passion) sei gegen ihn gerichtet, teilte er ihm seine Gedanken von großem Werte nicht mit.
"Dem edlen Brutus ihre Augen wünschten": engl.: "have wish'd that noble Brutus had his eyes"; die Übersetzung übersieht das "his", es müßte als heißen: "dem edlen Brutus seine Augen wünschten", also wünschten, daß er endlich sich selbst erkennen und klar sehen möchte. Tatsächlich erklärt Brutus in den folgenden Versen, daß er sich des Grundes der besorgten und bedenklichen Stimmung nicht klar geworden ist, er selbst teilt die Bedenken, die von außen an ihn herankommen, noch nicht. Hier setzt Cassius an.
"durch Alltagsschwüre jedem neuen Beteurer": engl.: to stale with ordinary oaths my love to every new protester = meine Liebe mit nichts bedeutenden Schwüren jedem hinzuwerfen, der mich seiner Liebe versichert.
"beide seh ich gleiches Mutes an": Schlegel schrieb noch diese starke Form des Genitivs.
"Äneas, unser großer Ahn": nach offizieller römischer Staatssage hat Äneas, der als einziger aus dem brennenden Troja gerettet wurde und dabei seinen greisen Vater Anchises aus den Flammen trug, nach mannigfachen Irrfahrten Italien erreicht und die Tochter des Königs der Latiner geheiratet. Seine Nachkommen gründeten Rom. Die Taten des Äneas sind Inhalt des römischen Nationalepos, der "Äneide" des Vergil (70-19 v. Chr.).
"wie ein Kolossus": Das Standbild des Sonnengottes auf der Insel Rhodos, das der Bildhauer Chares um 300 v. Chr. schuf, und das zu

den sieben Weltwundern des Altertums gerechnet wurde. Es soll 32 m hoch gewesen sein. Später fabelte man davon, das Standbild habe über der Hafeneinfahrt gestanden und die Schiffe seien zwischen seinen gespreizten Beinen ein- und ausgelaufen.
“seit der großen Flut” aus der sich nach der griechischen Sage nur Deukalion und Pyrrha zu retten vermochten.
“Findet man darin nur einen einz’gen Mann”: wenn man darin nur einen einzigen Mann findet. Cassius meint sarkastisch, daß Rom für Cäsar allein doch zu groß sei.
“Einst gab es einen Brutus”: Anspielung auf die zu Cäsars Zeit sicher geglaubte Legende, daß Brutus ein Nachkomme jenes Brutus sei, der einst den letzten König vertrieb und die Republik gründete.
“Brutus wär lieber eines Dorfs Bewohner”: Abwandlung eines Ausspruches, den eigentlich Cäsar getan haben soll. In Plutarchs Lebensbeschreibung des Cäsar fand Shakespeare, daß dieser einmal beim Anblick eines armseligen Städtchens in den Alpen ausgerufen habe: “Und doch wollte ich lieber hier der erste, als in Rom der zweite sein”.
“Mit glatten Köpfen”: soll wohl bedeuten: mit glatt gekämmten Köpfen, also Leute, die großes Gewicht aus ihr Äußeres legen, nicht, wie gewöhnlich interpretiert: mit Glatzen.
“dies Ohr ist taub”: eine Erfindung Shakespeares, dem es darauf ankam, den Abstand zwischen Cäsars unvergänglicher Größe und seinem Selbstgefühl einerseits und der Gebrechlichkeit seines Körpers andererseits herauszuarbeiten.
“so’ne Art von Stirnband”: für Shakespeares Publikum verständlicher: a coronet, also eine Art von Herzogskrone im Gegensatz zur größeren Königskrone.
“er hat die fallende Sucht”: er ist epileptisch. Nach Plutarch bot Cäsar nach einer Senatssitzung, in der ihm der Senat Unzufriedenheit gezeigt hatte, zu Hause in seiner Wut den Freunden den Hals, damit sie ihn erstechen sollten. Später habe er sich mit einem epileptischen Anfall entschuldigt. Shakespeare läßt diese Vorgän-

ge um der dramatischen Wirkung willen abweichend von der Quelle auf dem Lupercalienfeste spielen.

"Nein, Cäsar hat sie nicht, doch Ihr und ich": mit diesem Paradoxen will Cassius ausdrücken, daß sie selbst krank sind, wenn sie sich von einem Manne, der die Fallsucht hat, beherrschen lassen.

"mir war es Griechisch": Das "it was (is) Greek to me" ist im Englischen zum geflügelten Wort für alles Unverständliche geworden. Wahrscheinlich will Shakespeare mit "er sprach Griechisch" Cascas Meinung, daß Cicero unverständliches Zeug geredet hat, ausdrücken, nicht, daß er aus Vorsicht tatsächlich Griechisch zu den Römern gesprochen hätte.

"dein löbliches Gemüt kann seiner Art entwendet werden": eine mißverständliche Übersetzung von "Thy honourable metal may be wrought from that it is dispos'd", etwa: "aus deinem ehrenwerten Metall kann mann noch etwas anderes schmieden, als wozu es (jetzt) geneigt ist", Cassius' Absicht, auch mit an sich verwerflichen Mitteln die Republik zu erhalten, ist altrömischer Moral durchaus ehrenvoll. Darum kann er auch an die Einheit der Edlen appellieren.

3. Szene

"Ungewitter": Für das Gewitter fand Shakespeare bei Plutarch nur geringe Anhaltspunkte. Nach der Auffassung der Shakespearezeit aber waren Störungen im politischen Leben auch von Störungen der natürlichen Ordnung begleitet. Die beschriebenen Wunderzeichen dagegen sind bei Plutarch erwähnt. Nur die Erscheinung des Löwen und die "hundert bleichen Weiber" hat Shakespeare aus eigener Erfindung hinzugefügt.

"Im Himmel inn'rer Krieg": bei Shakespeare: civil strife in heavens = Bürgerkrieg im Himmel. Da die Götter mit den Naturgewalten identisch gesetzt werden, bedeutet es also einen Widerstreit aller Naturgewalten.

"und gestern saß der Vogel der Nacht": die Eule. Bei Plutarch wird von Geiern und Adlern erzählt, die sich auf dem Kapitol niedergelassen hätten.
"dem Donnerkeil": eng.: the thunder-stone. Nach altem Volksglauben wurden Donnerkeile mit dem Blitz aus den Wolken geschleudert. Es handelt sich um Belemniten, Versteinerungen von jetzt ausgestorbenen Tintenfischen aus der Jura- und Kreidezeit.
"für irgendeinen mißbeschaffnen Staat": engl.: unto some monstrous state = für einen gräßlichen Zustand. Die Übersetzung state = Staat bei Schlegel ist falsch.
"Der Löwe dort im Kapitol": Shakespeare stellt sich vor, daß im Kapitol Löwen gehalten wurden wie im Londoner Tower.
"nur in Italien nicht": nach der Deutung eines Spruches der sibyllinischen Bücher sollten die Parther, gegen die Cäsar einen Kriegszug vorbereitete, nur von einem König besiegt werden können. Diese Prophezeiung wollten Cäsar und seine Anhänger nutzen und ihn zum Könige in den Provinzen ausrufen. Nur in Italien sollte er diesen Titel nicht führen.
"Warum denn wäre Cäsar ein Tyrann?" engl.: why should Caesar be a tyrant then? = warum sollte Cäsar dann (überhaupt) ein Tyrann werden? Cassius deutet an, daß derjenige, der die Waffe gegen sich selbst richten kann, sie auch gegen andere zu führen vermag.
"in Pompejus Halle": ein von Pompejus auf dem Marsfeld erbautes großes Theater. Es war von Säulenhallen umgeben, in denen sich auch die Curia Pompei, ein Saal, in dem Senatssitzungen abgehalten wurden, befand. In diesem Saale wurde Cäsar ermordet. Shakespeare läßt den Mord auf dem Kapitol stattfinden. In der Halle versammeln sich bei ihm nur die Verschworenen. Statt "Erfolg" müßte es besser "Bedingung", vielleicht auch "Entschlossenheit" heißen.
"ist wie das Werk beschaffen ...": engl.: the complexion of the element in favour's like the work we have in hand; der Oxford Shakespeare gibt für favour die Bedeutungen "contenance", "visage" an. Schon Nicholas Rowe (1674-1718) nahm in seiner ersten

kritischen Ausgabe Shakespeare an, daß hier ein Druckfehler der Folio vorliege, und las “is fev'rous like the work”. Dann müßte die Stelle etwa heißen: Der Zustand der Elemente (der Natur) ist fiebrisch wie das Werk, das wir unternehmen wollen.
“wie der Stein der Weisen”: nach ihm suchten die Alchemisten eifrig, weil sie glaubten, mit seiner Hilfe andere Stoffe in Gold verwandeln zu können. Bei Shakespeare steht: like richest alchemy = wie die reichste Alchemie, also etwa: wie die vollendete Kunst, die Dinge zu verwandeln.

2. Akt

1. Szene

“Und weil der Streit nicht Schein gewinnt ...”: engl.: And since the quarrel will bear no colour . . . = weil diese Streitsache (dieser Fall) keine Farbe gewinnt ..., also weil der Mordplan durch das, was Cäsar ist, nicht zu rechtfertigen ist.
“Ist morgen nicht des Märzen Idus?”: Da idus im Leiteinischen nur als Plural vorkommt, müßte es richtig heißen: Sind morgen nicht des Märzen Idus?
“Die Ausdünstungen . . .”: engl.: exhalations. Shakespeare muß sich Meteore, “Feuerkugel” vorgestellt haben. Man glaubte, daß sie aus den Dünsten, welche die Sonne aufzieht, entstünden.
“Soll Rom . . .?: Schlegel läßt hier einen dramaturgischen Kunstgriff Shakespeares aus. Brutus beginnt den Brief zu lesen, spricht die ersten Worte laut, murmelt dann ein et cetera, und liest leise für sich, um erst die Aufforderung: Sprich, schlage, stelle her! wieder laut zu sprechen. Vier Zeilen später wiederholt er den Anfang mit einem abrupten et cetera, um dann fortzufahren: so muß ich es ergänzen.
“Der Genius und die unsterblichen Organe”: Der Genius ist nach römischen Glauben der Schutzgeist des Menschen.

"Euer Bruder Cassius": Euer Schwager, brother-in-law; Cassius war mit Junia, der Schwester Brutus verheiratet.
"sie tragen eingedrückt die Hüte": in die Stirn gezogen. Auf Shakespeares Bühne gab man auch die Römerdramen in der Tracht des frühen 17. Jahrhunderts.
"der Erebus": das Totenreich.
"was stellen sich für wache Sorgen ...": was befürchtet ihr, daß ihr nachts euer Gesicht verbergt.
"Laßt Priester, Memmen, Schriftgelehrte schwören": Schriftgelehrte für "men cautelous" ist sicher falsch übersetzt. Es muß etwa heißen: hinterlistige, ränkevolle Menschen.
"Entehrt nicht so den Gleichmut unserer Handlung": engl.: do not stain the even virtue of our enterprise = beschmutzt nicht den makellosen Adel unseres Unternehmens.
"Laßt uns ihn nicht vorübergeh'n!": altertümlich für: Laßt uns ihn nicht übergehen.
"Es ist kein Arg in ihm": zu schwache Übersetzung für: there is no fear in him = in ihm ist nichts zu befürchten.
"Die Glocke schlägt": Hier natürlich eine Anachronismus, aber ein wirksames Bühnenmittel.
"Das Einhorn lasse sich mit Bäumen fangen": Nach der Sage soll das verfolgende Einhorn sich mit seinem Horn in blinder Wut in dem Baume festrennen, wenn es dem Jäger gelingt, rechtzeitig hinter ihn zu springen. Auch als Märchenmotiv, wie im "tapferen Schneiderlein". Von Bären fabelte man, daß sie verwundert vor aufgestellten Spiegeln stehen blieben und so dem Jäger ein gutes Ziel böten.
"den honigschweren Tau des Schlummers": wörtliche Übersetzung von the honey-heavy dew of slumber. Im Deutschen ist die Wendung "den schweren Honigtau des Schlummers" üblich.
"in der Vorstadt Eurer Zuneigung": nicht im Inneren der Stadt, d. h. Eures Herzens. In der Vorstadt wohnten nur Leute geringen Standes und Ansehens.
"Wie die Purpurtropfen, die um mein trauernd Herz sich drän-

gen": Die Stelle ist mißverständlich übersetzt. Engl.: the ruddy drops that visit my sad heart = Die Purpurtropfen, die in meinem trauernden Herzen ein- und ausgehen. Brutus setzt das von Portia gebrauchte Bild fort. Sie wohnt im Innersten seines Herzens, nicht in der Vorstadt.
"Freiwillig eine Wunde mir versetzend": Nach Plutarch hat sich Portia, um eine Probe ihres Mutes und ihrer Festigkeit zu geben, mit einem Schermesser selbst eine schwere Wunde am Schenkel beigebracht.
"Hier sag ich ab der Krankheit": nach Plutarch könnte sich Ligarius wegen der Krankheit an dem Mord nicht beteiligen. Brutus besuchte ihn am Krankenbett.

2. Szene

"Geh, heiß die Priester gleich zum Opfer schreiten": Einige Zeilen später werden die Priester Auguren genannt. Es war ein Priesterkollegium, das zu Cäsars Zeit 16 Mann umfaßte. Bei wichtigen Staatsgeschäften erforschte sie den Willen der Götter, indem sie mit dem Krummstab eine vordere, hintere, linke und rechte Himmelsrichtung bezeichneten. Nach dem Stand der Gestirne in dieser Richtung wurde dann Erfolg oder Mißlingen vorausgesagt. Der Auspex holte zudem die Auspicien ein, die nach dem Vogelflug oder dem Eingeweide von Opfertieren bestimmt wurden. Diese Wahrsagertätigkeit gehörte zu den offiziellen Staatsobliegenheiten, sie war Bestandteil der römischen Religion und hat mit Aberglauben in unserem Sinne nichts zu tun. Sie wurde aber viel mißbraucht, auch Cäsar legt den Götterwillen nach seinen Plänen aus.
"Da wiehern Rosse ...": Das Präsens zwischen den Präterita wirkt störend. Die von Calpurnia geschilderten Wunderzeichen sind Erfindung Shakespeares.
"Opfertier ... kein Herz darin": dieses ungeheuerliche Wunder fand der Dichter schon bei Plutarch vor.

"Und Schicklichkeit steht meiner Liebe nach": engl.: And reason to my love is liable = und die Vernunft (Klugheit) unterwirft sich bei mir der Liebe.

3. Szene

Artemidorus: nach Plutarch verkehrte der Sophist Artemidorus aus Knidos, einer durch ihre Ärzteschule berühmten Stadt im Süden der Halbinsel Kleinasien, in Kreisen, die dem Brutus nahestanden. So hatte er von der Verschwörung erfahren.

4. Szene

Der **Wahrsager** ist derselbe, der Cäsar vor des Märzen Idus warnte. Er weiß im Gegensatz zu Artemidorus nichts von der Verschwörung. Seine Befürchtung, daß Cäsar Unheil droht, hat er aus seiner Wahrsagekunst.

3. Akt

1. Szene

"Kommt ins Kapitol": Cassius fordert Artemidorus auf, mit seiner vermeintlichen Bittschrift ins Kapitol zu kommen. In Wirklichkeit hatte das Volk dort keinen Zutritt.
"Trebonius nimmt die Zeit wahr": Nach Plutarch hat nicht Trebonius, sondern Decimus Brutus den Antonius, dessen Körperkräfte man fürchtete, vor dem Saale durch ein Gespräch aufgehalten.
"Und vorbestimmte Wahl ...": engl.: And turn pre-ordinance and first decree into the law of children = und das bestehende Gesetz und das einmal beschlossene Urteil zur Regel von Kinderspiel zu machen.

"durch einen Spruch": Richterspruch. Cäsar vertritt ganz konsequent den starren Standpunkt römischen Rechtsdenkens.
"Cäsar tut kein Unrecht": an diese Stelle knüpft eine Anekdote an. Unter falscher Stellung der Satzzeichen soll sie vor der Drucklegung geheißen haben: "Cäsar tut kein Unrecht außer aus gerechter Ursache". Schon Ben Jonson machte sich mehrfach über diese Stellung lustig.
"Mich rührten Bitten, bät ich, um zu rühren": engl.: If I could pray to move, prayers would move me = wenn ich zu bitten vermöchte, um zu rühren, würden mich Bitten rühren. Das spricht weniger, wie manchmal behauptet wurde, für Cäsars königliche Gesinnung, als für seinen Gerechtigkeitssinn.
"Willst du den Olymp versetzen": Bild für etwas Unmögliches. Vgl. I. Korinther 13, 2: "Der Glaube versetzt Berge".
"Wo ist Publius?": nach ihm fragt Brutus wohl, weil er der älteste Senator ist, dessen Beispiel auf das Volk wirken konnte.
"Als wäre der jüngste Tag": hier natürlich ein Anachronismus.
"Laßt unsre Händ in Cäsars Blut uns baden": Brutus betrachtet den Mord als ein Opfer, das der Freiheit gebracht wurde, und will nun das Opferritual vollziehen.
"In neuen Zungen und mit fremdem Pomp": Unsicher ist hier die Übersetzung "Pomp" für "state". Schon die zweite Folio schrieb "states". Dann hieße die Stelle: "In noch nicht geborenen Staaten und noch unbekannten Sprachen". Cassius macht eine Prophezeiung, die sich auf die Aufführung des Stückes selbst bezieht.
"Bei der Verteilung neuer Würden": Cassius glaubt irrtümlich, Antonius komme, um sich ein Amt aus Cäsars Erbe zu sichern. Shakespeare läßt dabei völlig unberücksichtigt, daß Antonius neben Cäsar Konsul, jetzt also der einzige gesetzmäßige Inhaber der Macht in Rom war, obwohl es in Plutarch stand.
"ein Feiger oder Schmeichler": durch seine Offenheit täuscht Antonius die Verschwörer.
"O Welt, du warst der Wald für diesen Hirsch": unübersetzbares Wortspiel mit "hart" = Hirsch und "heart" = Herz:

"Zu reden bei der Feier der Bestattung": Nach römischem Brauch wurde die Leiche Vornehmer im feierlichen Zuge (pompa) auf das Kapitol getragen. Von der Rednerbühne aus hielt dann ein naher Verwandter eine Lob- und Gedächtnisrede auf den Toten. Als Verwandter Cäsars hatte Antonius einen gewissen Anspruch darauf, diese Rede zu halten. Die Bestattung fand gewöhnlich acht Tage nach dem Tode statt, Shakespeare läßt sie sofort folgen.
"Die Fertigkeit in Greueln würgt das Mitleid": engl.: All pity chok'd with custom of fell deeds = grausame Taten werden so zur Gewohnheit werden, daß sie alles Mitleid ersticken.
"Zur Seit ihm Ate, heiß der Höll entstiegen": Hier sind antike und christliche Begriffe vermischt. Ate ist die Göttin des Unheils und der Zwietracht. Hier erscheint sie als Verderberin, die "havoc" = Verwüstung, Verheerung ruft und die "Hunde des Krieges" von der Koppel löst, nämlich Hunger, Schwert und Feuer nach einer Stelle in Heinrich V.

2. Szene

Die **Rede des Brutus** entspricht nicht den Regeln der klassischen Rhetorik, wie sie Cicero auf ihrem Höhepunkt repräsentiert, sondern denen einer neuen literarischen Richtung, des Attizismus. Die Attizisten verlangten für den Prosastil prägnante Kürze, schlichte und sachliche Ausdrucksweise und scharfe, möglichst antithetische Pointierung. Zur Zeit des Brutus stand diese neue literarische Richtung aber höchsten, in ersten Anfängen, sie setzte sich im ersten nachchristlichen Jahrhundert durch. Aber von Plutarch wußte Shakespeare, das Brutus sich einer lakonischen und auf Sentenzen zugespitzten Ausdrucksweise bedient habe. Übrigens hat bei Cäsars Leichenbegängnis auf dem Forum nur Antonius gesprochen.
"als was ihr dem Brutus tun würdet": das "than you shall do to Brutus" muß genauer übersetzt "was ihr dem Brutus tun müßtet"

heißen.
"Die Untersuchung über seinen Tod": engl.: the question op his death = die rechtliche Begründung für seinen Tod.
"im Kapitol aufgezeichnet": dort befand sich das Reichsarchiv, das die Staatsakten führte. Rätselhaft bleibt freilich, wie so kurz nach dem Mord bereits ausführliche Akten darüber angelegt worden sein sollen.
"Er werde Cäsar!": Die Ausrufe des Pöbels lassen erkennen, daß die Rede des Brutus völlig mißverstanden worden ist. Sie zeigen aber auch die tragische Situation, daß die Verschwörer mit ihren idealen Motiven nicht mehr in ihrer Zeit standen. Das Volk hatte sich so sehr an den Gedanken der Herrschaft eines einzelnen gewöhnt, daß es jetzt einen neuen Herrscher an die Stelle des ermordeten setzen möchte.
"Der edle Brutus hat euch gesagt": Shakespeare nimmt hier keine Rücksicht darauf, daß Antonius eigentlich nicht wissen konnte, was Brutus gesagt hatte, weil er gar nicht zugegen war.
"daß er voll Herrschsucht war": Antonius sagt nur: that Caesar was ambitious = daß Cäsar ehrgeizig war. Gleich in der nächsten Zeile drückt er vorsichtig ersten Zweifel aus: If it were so = wenn es so wäre.
"Habt Geduld mit mir!": Hier kämpft Antonius mit den aufsteigenden Tränen getreu der Vorschrift des Cicero, in einer Rede nur an Gefühle zu appellieren, die man selbst zeigt. Unter der zunächst das Volk beruhigenden Versicherung "Und Brutus ist ein ehrenwerter Mann", die er aber durch häufige Wiederholung bewußt abstumpft, hat er zunächst den Glauben an die Behauptung des Brutus, Cäsar sei ehrgeizig gewesen, erschüttert. Jetzt bereitet er den Appell an das Mitleid des Volkes vor, nicht ohne gleichzeitig die niederen Instinkte der Habgier mit Cäsars Testament zu reizen, um so die Leidenschaft zu entfesseln.
"Er überwand den Tag die Nervier": statt "den Tag" besser "an diesem Tage". Die Nervier waren ein keltischer, wohl mit Germanen durchsetzter Stamm zwischen Schelde und Maas. Sie leisteten

Cäsar besonders tapfer Widerstand. Er unterwarf sie im Jahre 57 v. Chr. Nach Cäsars eigenem Bericht im "bellum Gallicum" brachte nur sein persönliches Eingreifen in der entscheidenden Schlacht eine siegreiche Wendung. Antonius hat an diesem Feldzug nicht teilgenommen.

"Brutus . . . war Cäsars Engel": Cäsar liebte ihn besonders. Im Munde eines alten Römers ist diese Metapher natürlich ein Anachronismus.

"warf Undank, stärker als Verräterwaffen": Antonius stellt übertreibend dar, daß Cäsars Herz aus Schmerz über den Undank des von ihm geliebten Brutus, nicht von den Verletzungen gebrochen sei.

"über uns frohlockte blut'ge Tücke": im Original stärker: blutiger Verrat (bloody treason).

Zweiter Bürger: Wir wollen Rache! . . .": Was Schlegel diesen einen Bürger sprechen läßt, ist bei Shakespeare auf mehrere verteilt und viel bewegter. Der zweite Bürger gibt nur das Stichwort: "Wir wollen Rache!" Sofort bricht es tumultuarisch aus dem Haufen: "Rache! Auf! Sucht! Brennt nieder! Feuer! Tötet! Erschlagt! Laßt keinen Verräter leben". Antonius sagt auch nicht: "Seid ruhig", sondern "bleibt!".

"Ich bin kein Redner, wie es Brutus ist": Solche, den Redner herabsetzende Versicherung auf dem Höhepunkt der Beredsamkeit gehörte zu den Regeln der klassischen Redekunst.

"Ich habe weder Schriftliches noch Worte": Schlegel folgt hier der ersten Folio, in der es "write" heißt. Schon bald hat man das als Druckfehler angesehen und "wit" gesetzt, so daß die Stelle dann heißt: Ich habe weder Geist, Beredsamkeit, noch Würde.

"Auf jeden Kopf euch fünfundsiebzig Drachmen": Drachme ist eine griechische Münze. Shakespeare fand sie bei dem Griechen Plutarch genannt. Cäsar vermachte jedem römischen Bürger 300 Sesterzen. Zu seiner Zeit waren das noch Silbermünzen. Eine Umrechnung in heutige Währung ist praktisch unmöglich. Schätzungsweise mögen es etwa 80,- Mark sein.

"Gärten diesseits der Tiber": In Wirklichkeit lagen die Gärten jenseits des Tibers am Hange des Janiculus. Die falsche Angabe fand Shakespeare bei Plutarch.

3. Szene

"Ich träumte, daß ich heut mit Cäsar schmauste": Nach Plutarch träumte der Dichter Helvius Cinna in der Nacht vor der Ermordung Cäsars, dieser habe ihn zu Tische gebeten. Als er abschlug, nahm ihn Cäsar bei der Hand und führte ihn an einen dunklen Platz, worüber er sehr erschrak. Cinna legte diesen Traum, dessen Kenntnis Shakespeare offenbar voraussetzt, als Zeichen drohenden Unheils aus.

4. Akt

1. Szene

"Die müssen also sterben . . .": Shakespeare verlegt die Zusammenkunft der Triumvirn zur Aufstellung der Proskriptionslisten in das Haus des Antonius in Rom, um den Anschluß an die vorigen Ereignisse zu wahren. In Wirklichkeit fand dieses Zusammentreffen im Oktober 43 v. Chr. auf einer Insel im Flusse Reno bei Bologna statt, rund anderthalb Jahre nach Cäsars Tod.
"daß Publius nicht lebe": Publius, der Neffe des Antonius, ist wohl durch ein Versehen Shakespeares auf die Proskriptionsliste gekommen. In Wirklichkeit gab Antonius den Bruder seiner Mutter, Lucius Cäsar, auf.
"die dreibenannte Welt": engl.: three-fold world = die dreiteilige Welt = Europa (Oktavian), Asien (Antonius), Afrika (Lepidus).
"auf offner Weide": engl.: and graze in commons = auf der Gemeindeweide, der Allmende. Der Sinn ist wohl, daß Lepidus

wegen seines Ansehens gebraucht werden soll, so lange er nötig ist, dann aber soll er seiner Ämter ledig wieder zum großen Haufen gehören.
"denn uns wird aufgelauert": engl.: We are at the stake and bay'd about = wir sind am Pfahl und werden gehetzt. Das Bild ist von der Bärenhetze, einem Lieblingsvergnügen der Shakespearezeit, genommen. Dabei wurde der Bär mit einer langen Kette an einen Pfahl gebunden und von der Meute gehetzt. Shakespeare braucht dieses Bild oft.

2. Szene

"von selbst verändert . . .": bezieht sich auf die Entfremdung zwischen Cassius und Brutus. Die Stelle wirkt im deutschen Text schroffer als im englischen, der statt "gült'gen Grund" nur "some worthy cause" = einige beachtenswerte Ursache hat. Statt "so wird er mir genugtun" sagt Brutus bei Shakespeare: I shall be satisfied = ich werde befriedigende Aufklärung erhalten.
"Ihr tratet mir zu nah, mein edler Brutus": bei Shakespeare drückt sich Cassius direkter und unbeherrschter aus: You have done me wrong = Ihr habt mir Unrecht getan. Cassius will auch im Angesicht der Heere den Streit mit Brutus austragen.
"dies Euer nüchternes Benehmen": statt nüchtern besser: gemäßigt, selbstbeherrscht (sober).

3. Szene

"Ihr habt den Lucius Pella hart verdammt": nach Plutarch hatte Brutus einen Lucius Pella auf Klagen der Bewohner von Sardes hin verurteilt und geächtet, weil er Bestechungsgelder erpreßte.
"Ihr tatet Euch zu nah": Der Ausdruck "sich zu nahe tun" ist ungeläufig. Engl.: You wrong'd yourself = Ihr setztet Euch selbst ins Unrecht.

“bloß weil er Räuber schützte”: diese Begründung für Cäsars Ermordung wird sonst nie erwähnt. Shakespeare fand sie bei Plutarch.

“mit schnöden Gaben unsre Hand besudeln”: bei Shakespeare steht “with base brides = mit ehrlosen Bestechungsgeldern.

“Wenn Ihr mich einzäunt”: engl.: to hedge me in; sprichwörtliche Redensart für “in die Enge treiben”.

“Muß ich erschrecken, wenn ein Toller auffährt”: engl.: shall I be frighted when a madman stares = soll ich erschrecken, wenn ein Toller starrt. Schlegel hat wahrscheinlich “starts” für “stares” gelesen.

“Ihr sollt hinunterwürgen Euren Gift”: zu Schlegels Zeit hatte Gift noch feminines Geschlecht. Bei Shakespeare heißt es: the venom of your spleen = das Gift Eurer Wut.

“Ich kann kein Geld durch schnöde Mittel heben”: Im Grunde läßt der Dichter Brutus hier recht inkonsequent erscheinen. Er mußte wissen, daß Cassius die geforderten Gelder auch nicht auf eine ehrbare Weise zusammenbringen würde, wahrscheinlich auch gar nicht konnte. Dennoch wäre es sehr verfehlt anzunehmen, Shakespeare habe damit einen kurzsichtigen Idealismus oder Weltfremdheit bei Brutus kennzeichnen wollen.

“Da ist mein Dolch, da meine nackte Brust”: Cassius weiß keine Gründe mehr, mit denen er Brutus überzeugen könnte. So bietet er ihm seinen Dolch, damit er ihn ihm in die Brust stoße.

“als des Plutus Schacht”: Der Gott der Unterwelt, übertragen auch der Herr der Schätze der Erde.

Ein Poet: Durch seinen grotesken Auftritt löst der Poet die Spannung des vorhergehenden Gespräches zwischen Brutus und Cassius. Nach Plutarch stürzte ein Senator M. Favonius während der Auseinandersetzung der Feldherren ins Zelt. Er war früher für Cato begeistert gewesen, äffte ihn jetzt aber mit den Manieren eines Kynikers nach. Beim Eindringen ins Zelt deklamierte er die Worte Nestors aus der Ilias I, 259 f., in denen die hadernden Griechenfürsten zur Eintracht aufgefordert wurden. Cassius lachte über ihn,

Brutus aber jagte ihn fort. Shakespeare zerlegt die Homerverse in zwei holprige Blankverse und machte den Poeten damit zu einem miserablen Reimer.

"Kennt er den Krieg, so kenn ich seine Launen": engl.: I'll know his humour when he knows his time = ich will seine Späße anerkennen, wenn er die passende Zeit dafür weiß.

"Ihr wendet die Philosophie nicht an": den Stoizismus, die von Zeno d. J. um 308 v. Chr. in Athen begründete Lehre. Durch Cicero u. a. war der Stoizismus in Rom verbreitet worden, und später war er die Religion der Gebildeten. Die Ethik der Stoiker kannte nur eine Art der Glückseligkeit für den Menschen, den Einklang des Lebens mit der Allnatur. Der Weg dazu ist die Tugend, die in der Überwindung und Ertönung der Lust und der Affekte erreicht wird. Dazu bedarf es der Gerechtigkeit, Tapferkeit und Selbstbeherrschung. Der Stoiker steht jenseits von Glück und Unglück, von Leiden und äußerem Geschick. Das Leben des Individuums ist gleichgültig, darum ist auch der Selbstmord sinnvoll.

"schlang sie Feuer": nach Plutarch starb Portia daran, daß sie glühende Holzkohlen aus einem Feuerbecken riß und verschlang.

"bis der Wein den Becher kränzt": engl.: o'erswell the cup = im Becher überläuft.

"Proskription und Achterklärung": der zweite Begriff bedeutet dasselbe wie der erste.

"Kam Euer Brief von Eurer Gattin": Dieser zweite Bericht über Portias Tod ist wahrscheinlich aus Versehen in der Folio stehengeblieben. Welchen Bericht Shakespeare bei den Aufführungen stehen ließ, den kurzen des Brutus oder den des Messala, der offenbar unvollständig überliefert ist, wird wohl kaum noch zu ermitteln sein.

"Sie starb . . . auf wunderbare Weise": engl.: by a strange maaner = auf eine ungewöhnliche Weise.

"Durch Kunst hab ich soviel hiervon als ihr": als philosophische Studien weiß er, wie man Unglück zu ertragen hat. Diese Worte passen eigentlich nicht zu Cassius, der sich später (V, 1) ausdrücklich zum Epikureismus bekennt. Man hat vermutet, daß sie von Messala gesprochen wurden.

“Der Geist Cäsars erscheint”: Nach Plutarch erschien Brutus in Abydos, beim Übergang über den Hellespont ein Gespenst, das ihm Unheil verkündete. Shakespeare läßt diese Erscheinung bereits in Sardes auftreten und macht daraus Cäsars Geist.

5. Akt

1. Szene

“Sein blut’ges Schlachtpanier”: nach Plutarch haben Brutus und Cassius zum Zeichen, daß sie zur Schlacht bereit seien, einen roten Kriegermantel im Lager ausgehängt.
“Begehn an Hyblas Bienen Raub”: Hybla, eine Stadt am Ätna, war berühmt wegen ihres Honigs. Hyblas Bienen werden von Vergil in Ekloge I, 54 besungen.
“Als eure schnöden Dolche einander stachen . . .”.: engl.: when your vile daggers hacked one another in the sides of Caesar = als eure erbärmlichen Dolche in Caesars Seiten aufeinanderstießen.
“Mit tück’schem Bisse Cäsars Nacken”: engl.: whilst damned Casca, like a cur, behind struck Caesar in the neck = als der verdammte Casca, wie ein Köter, Cäsar in den Nacken biß.
“Cäsars dreiundzwanzig Wunden”: Nicholas Rowe verbesserte nach Plutarch in dreiunddreißig Wunden. Die Zahlenangabe hat aber doch nur rhetorischen Sinn.
“oder bis ein andrer Cäsar”: das ist Oktavius selbst. Das “mit Mord gesättigt der Verräter Schwert” heißt genauer übersetzt: Dem Schwerte der Verräter ein neues Schlachtopfer hinzugefügt hat.
“Gesellt zu einem Wüstling und ‘nem Trinker”: engl.: join’d with a masker and a reveller = verbunden mit einem Markierten und einem Schlemmer. Die meisten Ausleger beziehen beide Schimpfworte auf Antonius, dessen ausschweifendes Leben in Rom bekannt war. Gundolf faßt “masker” im Sinne Strohmann als auf Lepidus, den dritten Triumvir, gemünzt auf. Nach ihm wäre also

Oktavius der Schulbub, Lepidus der Strohmann und Antonius der Wüstling.

“Messala, dies ist mein Geburtstag”: diese und auch die folgenden Worte nahm Shakespeare aus Plutarch.

“Ich hielt an Epikurus fest”: nach Epikur (341 - 271 v. Chr.) gibt es unzählige Welten. In den Zwischenräumen, den Intermundien, leben die ewigen Götter, die sich um Welt und Menschen nicht mehr kümmern. Die Seele ist ein feiner, luftähnlicher Stoff, der sich nach dem Tode auflöst und zerstreut. Das ethische Ziel des Epikureismus ist der vergeistigte Lebensgenuß, der üppige Genuß zerstört den Seelenfrieden. Da Mensch und Welt der Einwirkung der Götter völlig entzogen sind, herrscht der Zufall. Es ist deshalb unmöglich, die Zukunft vorauszusehen.

“Tu das, Lucilius”: Mit diesen Worten schließt Brutus das beiseite geführte Gespräch mit Lucilius ab.

“Ganz nach der Lehre der Philosophie”: Die Lehre der Stoa, zu der sich Brutus bekennt, erlaubte aber den Selbstmord. Nach Plutarch hat Brutus früher einen anderen Standpunkt vertreten.

3. Szene

“Ich macht in Parthia dich zum Gefangenen”: unhistorisch. Nach Plutarch nahm Cassius einen Freigelassenen namens Pindaurus, den er seit dem Unglück des Crassus, der 53 v. Chr. von den Parthern bei Carrhä geschlagen wurde, für eine solche Notlage abgerichtet hatte, mit sich in sein Zelt und ließ sich von ihm töten.

“Und bringst die Mutter um . . .”: Die Mutter des Irrtums (Wahnes) ist die Schwermut. Sie stirbt, wenn der Irrtum aufgehoben wird.

“Verzeiht ihr Götter! - Dies ist Römerbrauch”: Titinus ehrt seinen toten Feldherrn nicht nur dadurch, daß er ihm den Siegeskranz gibt, sondern auch dadurch, daß er ihm in den Tod folgt. Er nennt das “Römerbrauch”. Von einem solchen ist aber nichts überliefert.

Thasos: Insel im Ägäischen Meer vor der makedonischen Küste.

"Versuchen wir das Glück in einer zweiten Schlacht": In Wirklichkeit fand diese zweite Schlacht erst 20 Tage nach der ersten statt.

4. Szene

"Und ich bin Brutus . . .": Einige Interpreten nehmen an, daß diese Worte schon dem Lucilius zugedacht waren, der die Verfolger von dem hartbedrängten Brutus ablenken will.
"tapfer wie Titinus": Der Vergleich erscheint eigenartig, da zwischen dem Tode des Titinus und dem des jungen Cato keine Ähnlichkeit besteht.

5. Szene

"Statilius zeigt das Fackellicht": Im Drama wird nicht erwähnt, warum Statilius das Fackellicht zeigen sollte. Nach Plutarch hatte Brutus ihn aufgeschickt, das Schlachtfeld zu überschauen und die Zahl der Gefallenen zu schätzen. Wenn er glücklich hinübergekommen wäre, sollte er eine brennende Fackel schwenken. Das war geschehen, aber auf dem Rückwege war Statilius von Feinden überrascht und getötet worden.
"Ich habe Ruhm von diesem Unglückstage": Brutus sagt voraus, daß er, wenn er hier auch unterliegt, für die Nachwelt doch der letzte und größte derer sein wird, die für Roms Freiheit kämpften.
"Brutus Zunge schließt die Geschichte seines Lebens ab": er spricht bald sein letztes Wort.
"Daß du Lucilius' Rede wahr gemacht": Bei seiner Gefangennahme (V,4) hatte Lucilius dem Antonius erklärt: "Verlaß dich drauf, daß nimmermehr ein Feind den edlen Brutus lebend fangen wird".
"aus reinem Biedersinn": das altertümliche "Biedersinn" ist uns nicht mehr ganz verständlich. Engl.: in a general honest thought =

in einer nur ehrenhaften Absicht.
"Sanft war sein Leben": Die Übersetzung "sanft" für "gentle" trifft hier nicht den Sinn. Es muß heißen: edel, adlig.

3.5 ZUR CHARAKTERISTIK EINIGER HAUPTGESTALTEN

1. Cäsar

Wenige Gestalten Shakespeares sind in der Literaturkritik so oft mißdeutet worden, wie die Cäsars. Georg Brandes sprach geradezu von einer Karikatur, einem "Invaliden". Seine körperliche Schwäche, seine Fallsucht und seine - von Shakespeare erfundene - Taubheit auf einem Ohr werden betont. Cassius bescheinigt ihm in der Erzählung von dem Schwimmwettkampf im Tiber, zu dem Cäsar herausgefordert hatte, daß er auch schon früher physisch unterlegen war. Dabei ist Cäsar abergläubisch, hochmütig, selbstsicher bis zum Leichtsinn, der Schmeichelei zugänglich. Das sind nur einige der Vorwürfe, die man seinem Charakter machte. Bei dem der Intention Shakespeares viel näher kommenden Granville-Barker beginnt die Charakteristik Cäsars: "Was sollen wir nun von dem großen Schatten Cäsars sagen, der über dem Ganzen sichtbar wird? Wir wollen zugeben, daß er, sogar so lange er lebt, mehr ein Schatten als feste Substanz ist. Ist der Kommentar zu schroff, daß Cäsar nur im Stücke vorkommt, um ermordet zu werden?".
Gregor erklärte dagegen: "Weder Cäsar noch Brutus sind der eigentliche Inhalt des Dramas, sondern die Revolution". Das ist sicher eine unzulässige Zuspitzung der Formulierung, denn es kommt Shakespeare immer auf die Gestaltung lebender Menschen an. Es geht deshalb auch zu weit, wenn behauptet wird, nicht Cäsar selbst, sondern der Geist Cäsars, der Cäsarismus, sei der eigent-

liche Held der Tragödie. Aber es steckt in beiden Auffassungen ein wahrer Kern. "Julius Cäsar" ist die Tragödie einer großen geschichtlichen Wende, die sich in den Seelen der einzelnen Gestalten verschiedenartig widerspiegelt. Auf der einen Seite steht Cäsar, dessen überragende einsame Größe diese Wende heraufbeschworen hat. Wie ein Kolossus beschreitet er, nach dem Zeugnis des Cassius, die enge Welt. Die Ehrfurcht vor seiner Größe ist auch allen seinen Feinden gemeinsam. Nicht einmal der hämische Casca bestreitet sie, auch wenn er seine Fallsucht erwähnt, liegt darin noch kein Vorwurf gegen Cäsar. Seine Verachtung gilt nur den "Possen", die der Pöbel mit Cäsar und der ihm bestimmten Krone spielt. Wenn man es als peinlich empfand, daß Cäsar selbst in hohen und stolzen Worten von sich spricht, seine Furchtlosigkeit und seine Festigkeit gegen schmeichlerische Bitten rühmt, so heißt das, modernes Denken in Shakespeares Werk zu projizieren. Die große Tragödie hat ihre eigenen Gesetze, und es entspricht ihrem Wesen, daß ihre Helden auch offen über sich selbst reden. Dazu kommt die kulturhistorische Tatsache, daß man im Zeitalter Shakespeares auch im Leben Bescheidenheit keineswegs als Tugend ansah, daß große Männer sich durchaus auch öffentlich ihrer Taten und Verdienste rühmen durften.

Von diesem Gesichtspunkt aus aber ergänzt das, was Cäsar über sich selbst sagt, nur alles, was die anderen, Freunde und Feinde von ihm sagen. Brutus muß gestehen (II,1), daß er niemals sah, daß Leidenschaften Cäsar mehr beherrscht hätten als die Vernunft. Er kann in dem gegenwärtigen Cäsar nicht einmal eine Gefahr für Roms Freiheit sehen. Nur weil er in ihm, um es modern auszudrükken, eine potentielle Gefahr sehen zu müssen glaubt, schließt er sich seinen Mördern an. Selbst der neidische Cassius muß zugeben, "daß er der Welt den Vorsprung abgewann." Schücking hat darauf hingewiesen, daß alles, was Cäsar über sich selbst spricht, uns aus dem Munde eines anderen gesprochen, keineswegs überraschen würde. Wenn sich darin Selbstgefühl und Stolz ankündigen, sind sie doch auf volle Wahrheit gegründet. Zu dieser über-

menschlichen Größe will seine verschiedentlich betonte körperliche Unzulänglichkeit nur scheinbar nicht passen.
Auch Cäsar ist nur ein Mensch, bei aller Größe sterblich und den Zufällen der menschlichen Natur ausgesetzt. Die körperlichen Mängel verkleinern seine Größe nicht, sie lassen nur menschlicher erscheinen. Ohne sie müßte er wie eine Abstraktion des Cäsarismus wirken. Menschlichkeit ist aber gerade ein hervorragender Zug an Cäsar. Es ist gewiß kein Wankelmut, wenn er den Bitten seiner Frau zunächst nachgibt und zu Hause bleiben will. Es ist die Liebe zu ihr, die sie nicht enttäuschen mag und ihr Sorgen ersparen will. So kann er aber auch die ihm unsympathische Selbstbeschränkung sofort aufgeben, als Decius Brutus den Traum Calpurnias anders deutet. Den Freunden begegnet er mit Liebe, nirgendwo ist etwas von Überheblichkeit spürbar. Großzügig verzeiht er auch sofort dem mit ihm verfeindeten Ligarius, als dieser zu ihm kommt. Ausdrücklich hervorgehoben wird auch seine Liebe zum Volk und seine hohe Auffassung von den Pflichten des Staatsmannes. Als Artemidorus ihm erklärt, daß seine Schrift ihn selbst betreffe, legt Cäsar sie zurück. Für ihn kommen zuerst die Angelegenheiten der anderen, zuletzt die eigenen. Offen und geradezu, wie er seinen Freunden begegnet, haßt er als echter Römer Schmeichelei und kriecherisches Wesen. Auch den Vorwurf des Ehrgeizes, mit dem Brutus die Ermordung begründet, läßt der Dichter an einer markanten Stelle als recht zweifelhaft erscheinen. Decius Brutus bringt die Nachricht, der Senat wolle ihm jene Krone antragen, erst an, als Cäsar bereits fest entschlossen ist, hinzugehen. Am wenigsten aber wird man Cäsar Aberglauben zum Vorwurf machen dürfen. Was als solcher ausgelegt wird, gehörte zum festen Bestandteil der römischen Religion. Ueberdies besteht kein Zweifel, daß auch Shakespeare an die Möglichkeit von Vorzeichen und magischen Wundern geglaubt hat. Für ihn ist Cäsar ebenso wenig abergläubisch wie Malcolm im “Macbeth”, wenn er (IV,3) von den Wunderheilungen des Königs Eduard berichtet. Wohl aber überträgt Shakespeare aus der Anschauung seiner Zeit etwas von der heiligen

Würde des Monarchen auf Cäsar. Sein Unheil kündigt sich wie im "Macbeth" die Untat an König Duncan und im "König Lear" die Verbrechen der unnatürlichen Königstöchter durch allgemeinen Aufruhr der Natur und schreckliche Wunderzeichen an (II,2).
Manches davon stammt aus Shakespeares Quelle, die Gestaltung aber ist sein Eigentum. Die Tragödie Cäsars liegt darin, daß er zu eben dieser Stunde der einzige richtige Mann für Rom war und dennoch unter im Grunde edlen, aber unzeitgemäßen Gründen den Dolchen der Verschwörer zum Opfer fiel. Als Opfer will Brutus die Mordtat gedeutet wissen, aber die Geschichte war über die Freiheit, der dieses Opfer gebracht wurde, längst hinweggeschritten, sie stand im Zeichen Cäsars.

2. Oktavius Cäsar

Er hat nur wenige Zeilen im Drama, aber seine Gestalt ist doch scharf profiliert. Er ist noch jung und muß zu der Aufgabe, die ihm das Schicksal als dem Erben Cäsars stellt, reifen. Aber trotz seiner Jugend beherrscht er bereits die Kunst des Abwartens.
Während Antonius von Leidenschaften beherrscht ist, bleibt Oktavius kühl, er folgt nur der praktischen Vernunft und politischen Zweckmäßigkeit. Er gibt Antonius nach, behält sich aber den eigenen Standpunkt vor. In Oktavius ist das cäsarische Wesen, das ihn zum Herrn bestimmt. Als Antonius ihm den Platz in der Schlacht zuweisen will, setzt er seinen eigenen Willen dagegen.
In dem Streitgespräch der Feldherren lassen sich die anderen, selbst Brutus von der Leidenschaft hinreißen. Der praktisch denkende Oktavius bleibt leidenschaftslos. Er ruft "zur Sache" auf. Zum ersten Male spricht er jetzt länger und es geschieht, um seine Auffassung von der geschichtlichen Stunde zu bekunden. Er ist zur klaren Entscheidung entschlossen. Entweder rächt er Cäsars Tod, oder ein neuer Cäsar - zum ersten Male nennt er sich so - muß von Verräterschwertern sterben. Von da ab ist er unbestritten der erste,

Antonius ist zurückgedrängt. In der letzten Szene gibt nur er noch Befehle (V,5).

3. Brutus

Nur allmählich enthüllt uns der Dichter den Charakter des Brutus. Er erschließt sich Stück für Stück, da Brutus immer um Selbsterkenntnis und Klarheit ebenso wie um die sittliche Rechtfertigung seines Handelns ringt. Es wird öfters ausgesprochen, daß er sein Leben und seine Taten von den Grundsätzen der stoischen Philosophie bestimmen läßt. Dazu gehört sein sittliches Verantwortungsbewußtsein, das immer dem Ideal folgt. Aus dem gleichen Grund aber will er nicht gedrängt sein. Nur was er nach gründlichem Durchdenken als richtig und notwendig erkannt hat, wird er auch tun. Auf den ersten Blick erscheint er so schwerfällig. Aber er braucht niemals einen Schritt zurückzugehen, es gibt nichts, was er zu bereuen hätte, nie wird er seinem eigenen Wesen untreu. Das alles beweist seine sittliche Größe, sie macht ihn zum entscheidenden und ebenbürtigen Gegenspieler der politischen Größe Cäsars. Im Krieg freilich sind solche sittlichen Ideale oft ein Hindernis auf dem Weg zum Erfolg. Der Krieg erweist wohl hoheTugenden am einzelnen Manne wie Tapferkeit, Mannesmut, Standhaftigkeit im Ertragen von Strapazen und Wunden, Kameradschaft und Treue, Tugenden, die einen sittlichen Wert darstellen. Alle sie zeigt Brutus in Vollendung. Aus reinstem Idealismus und nach reiflicher Prüfung aller Gründe ist er zu den Mördern Cäsars gestoßen. Dabei bewies er aber auch, daß er die Menschen im Grunde nicht durchschaute. Allen Verschwörern schrieb er die gleichen idealen Beweggründe zu, die ihn selbst leiteten. Er verkannte, daß ein Cassius sich auch von anderen Gründen leiten ließ, daß er zwar seine Liebe zur Freiheit Roms, keineswegs aber seine unbedingte sittliche Forderung teilte. Vor allem muß man erkennen, daß die Tragik des Brutus in dem Augenblick beginnt, in dem das Volk auf die Rede des Antonius hin,

sich zum rechtlosen, hemmungslosen Aufstand, zur Entfesselung der Gewalt hinreißen läßt.
Brutus hat aus seiner Philosophie gelernt, Leiden mit Gleichmut zu tragen. Es ist bewundernswert an ihm, wie er sich mit den schwersten Schicksalsschlägen abfindet, sich nicht überwinden läßt. Der Abfall des Volkes, das ihm eben noch zugejubelt hatte, ihn zum Cäsar krönen wollte, das unlautere Verhalten der Mitverschworenen, der grauenvolle Tod seiner Frau, das voreilige Sterben des Freundes Cassius, die Geistererscheinung und die verlorene Schlacht vermögen nicht, seinen inneren Halt zu erschüttern oder ihn an der Gerechtigkeit seiner Sache irrezumachen. Aber er hat doch ein weiches, mitfühlendes Herz. Der innere Konflikt, aus dem es zu der Entscheidung kam, kommt nie ganz zum Schweigen. Aus Liebe zum Vaterland erschlug er den Freund, dem er nach seiner ethischen Auffassung Treue schuldete. Um des größten sittlichen Gebotes willen verletzte er das zweitgrößte. Seine Sache ist gerecht, seine Handlung gerechtfertigt. Aber er weiß doch, daß er dem ermordeten Freunde Genugtuung schuldet. Diesem Gedanken gelten noch seine letzten Worte. Ihm aber bleibt der Ruhm des sittlichen Triumphes, durch eine Zeit allgemeiner Verwirrung und Erschütterung hat er die Größe eines kompromißlosen Ideals vorgelebt. So kann der Rächer Cäsars über seiner Leiche ihm als dem besten Römer unter allen die Lobrede halten, die Vollkommenheit seines Wesens rühmen.

4. Cassius

Granville-Barker beginnt seine Charakteristik: "Cassius ist gesegnet - und verflucht - mit einem Temperament". Wenn der Charakter des Brutus ganz einheitlich ist, so ist der des Cassius ganz widerspruchsvoll und unberechenbar. Ein Extrem löst bei ihm das andere ab. Was sein Tun adelt, ist die hohe Idee der römischen Freiheit. Sie ist auch das Band, das ihn mit Brutus verbindet, das ihre Freundschaft begründet und trotz mancher Spannungen fest und unzerreißbar erhält. Aber die Mittel, die Cassius in den Dienst dieser hohen Idee stellt, sind grundverschieden von denen des Brutus. Es macht ihm nichts aus, den Freund Brutus durch vorgetäuschte Briefe aus dem Volk zu “bearbeiten”. Er weiß, daß sein eigenes Ansehen im Volk nicht ausreicht, der Verschwörung gegen Cäsar, die sein Werk ist, das nötige moralische Ansehen zu geben. Da bedient er sich unbedenklich seines Freundes Brutus. Cäsar durchschaut ihn am schärfsten.

Er liest viel, wie Cäsar von ihm sagt, und er beobachtet die Menschen scharf. Aber er liebt nicht Musik. Das bedeutet in Shakespeares Sprache, daß er innerlich unharmonisch, nicht mit sich im klaren ist. Gewiß ist die Verschwörung zur Rettung der Freiheit Roms eine edle Tat, über diese Auffassung bei Shakespeare besteht kein Zweifel. Aber bei Cassius sind es nicht edle Motive, die ihn leiten. Es sind Haß gegen den höherstehenden Cäsar, Mißgunst und aristokratisches Selbstbewußtsein, wohl auch Eitelkeit am Werke. Er ist sprunghaft im Denken und im Handeln.

Erst als Cassius Gleichgesinnte findet, wird er zur Gefahr für Cäsar. So scharf er die Menschen durchschaut, so virtuos er Casca und Brutus für die Verschwörung zu gewinnen versteht, indem er auf ihren Gefühlen spielt, so wenig ist er doch zum Führer einer großen Tat geeignet. Es fehlt ihm die menschliche Wärme und Folgerichtigkeit des Denkens und Fühlens. Er schwankt zwischen härtester Entschlossenheit und rascher Verzweiflung. Konsequent ist er nur im Haß gegen Cäsars Größe. Schon auf dem Kapitol, als er ihren Mordplan verraten glaubt, ist Selbstmord sein erster Gedanke. Er beurteilt Gegner und Situationen richtiger als Brutus, weil er immer Realist bleibt und durch moralische Bedenken nie gehemmt ist. Aber er vermag nicht, seinen Willen durchzusetzen. Gegen seinen Vorschlag wird Antonius verschont, erhält er die Erlaubnis von Brutus, dem Cäsar die Leichenrede zu halten, rückt das Heer der Verschwörer, statt die Feinde in Kleinasien zu erwarten, nach Philippi. Cassius ist der ältere Soldat, sicher auch der bessere, obwohl er Brutus gegenüber bestreitet, sich so genannt zu haben.

Aber seine Unbeherrschtheit setzt ihn gegenüber dem ausgeglicheneren Brutus ständig ins Unrecht. Das wird am fühlbarsten im Zwist der beiden Feldherren, als er sich zu Drohungen gegen Brutus hinreißen läßt, um gleich darauf dem ehrlichsten Schmerz um den Tod der Gattin des Freundes und der Bewunderung über die Festigkeit, mit der dieser diesen Schicksalsschlag trägt, sein Herz zu öffnen. Granville-Barker kommentiert seine Haltung: "Der glänzende Cassius, wenn er auf die Probe gestellt wird, ermangelt des Charakters, jener unerklärlichen Tugend. Er weiß auch: sein Stolz ist eine Maske. Beim ersten Anrühren des Mitgefühls - das macht ihn sehr liebenswert - gibt er nach wie ein Kind". Praktischer Sinn und Maßlosikeit des Gefühls und Strebens kommen in seiner Natur niemals zum Ausgleich. Cassius ist mutig, manchmal verwegen - beispielsweise wie er Casca gegenüber alles wagt - aber er neigt dazu seinem Ende, bevor er seinen Irrtum über den Ausgang der Schlacht erfahren konnte. Dabei hat er noch kurz zuvor mit der Tapferkeit des Verzweifelnden seinen Bannerträger, der sich zur Flucht wandte, erschlagen und das Banner eigenhändig dem Feinde entgegengetragen. Vielleicht geht es zu weit, wenn Granville-Barker meint, er sei nach Cäsars Tod ebenso eifersüchtig auf Brutus wie vorher auf Cäsar. Aber beide Freunde sind doch durch eine Welt getrennt. Brutus handelt aus sittlichem Eifer, Cassius folgt seinen Leidenschaften. Zu den "catastrophic natures" zählt ihn Granville-Barker, zu jenen, die sich frei verschwenden, während sie viel von der Welt verlangen, die nirgend Maß und Grenze kennen. Er bleibt seinem Wesen getreu bis zum Ende. Seine Fehler sind menschlich, manchmal allzu menschlich, aber gerade das weckt Interesse an seiner Gestalt. Was sein Tun dennoch adelt, sind die hohen Römertugenden der Vaterlands- und freiheitsliebe, der Tapferkeit und der Treue.

5. Antonius

"Seht! Mark Anton, der lange schwärmt des Nachts",

so begrüßt Cäsar scherzhaft seinen jungen Anhänger, als er am Mordtage kommt, ihn zum Senat abzuholen. Nach den gehässigen Worten des Cassius ist er "ein Wüstling und ein Trinker". Auch Brutus erwartet von ihm nicht, daß er tätig werden könnte.
Erst als er den Verschwörern nach dem Morde entgegentritt, entfaltet sich seine Persönlichkeit. Die Erschütterung über den Mord hat seine innere, bisher verborgene Energie geweckt. Er wird zum Politiker, dem jedes Mittel recht ist, der weder auf sich selbst, noch auf andere menschliche Rücksichten nimmt. Dabei wird aber niemals ganz deutlich, was an ihm echte Leidenschaft oder bewußte Verstellung ist. Er kann sich hemmungslos, ohne die Gefahr für sein Leben zu achten, seinen Gefühlen überlassen. Aber schon als er die Verschwörer auffordert:

"Ich bitt' euch, wenn ihr's feindlich mit mir meint,
Jetzt, da noch eure Purpurhände dampfen,
Büßt eure Lust!" (III,1)

ist er vollendeter Schauspieler. Einen Augenblick später, als er den Erfolg seiner Worte erkannt hat, ergreift er die Hände der Verschwörer und beteuert ihnen seine Freundschaft. Antonius ist Realist, wenn er sich in die Politik begibt, aber hinter seinen eiskalten Berechnungen stehen große Leidenschaften. Bedenkenlos verfügt er bei der Proskription über Menschenleben, die eigene Familie schont er nicht. Er bedient sich der Menschen und er läßt sie wieder fallen, ganz wie es seine Politik erfordert. Während Brutus an die Macht der Vernunft glaubt, weiß Antonius von der Gewalt der Gefühle, der aufgepeitschten Leidenschaften. Mit sicherer Hand lenkt er die leicht beweglichen Herzen des Volkes. Er zerstreut leichthin die sowieso nur halb verstandenen vernünftigen Gründe

des Brutus und weckt die Regungen, die er will, Mitleid und Dankbarkeit, Wut und Rachsucht. Er appelliert nicht an hohe Regungen, seine Argumente sind billig, er ist nicht logisch, sondern demagogisch. Da er die Habgier als starkes Motiv menschlichen Handelns kennt, macht er aus Cäsars Testament den - um es modern auszudrücken - zündenden Schlager seiner Rede.
Aber selbst in dieser Rede verliert der Zuschauer nie das Gefühl, daß Antonius nur Regungen wachruft, die in ihm selbst lebendig sind. Immer ist er impulsiv und berechnend, warmherzig und hart zu gleicher Zeit.
Antonius beherrscht die Massen, weil er "the common man made perfect in his commonness" ist. Er ist der Mann von der Straße in Vollendung. In Cäsars Leichenrede erreicht er so seinen Höhepunkt, hier entfaltet sich seine Persönlichkeit zur Größe, aber nur zur Größe des Demagogen, des ersten unter den durchschnittlichen Menschen. Gegenüber den Gleichgestellten versagt seine demagogische Gewalt. Der kühle, berechnende, leidenschaftlose Oktavius nimmt ihm, der zeitweilig der erste Mann Roms war, fast unmerklich das Heft aus der Hand. Zwar kann er als edler Römer dem toten Brutus die würdige Leichenrede halten, neidlos seine edle Persönlichkeit und seine Verdienste anerkennen. Aber er steht schon im Schatten des aufsteigenden Oktavius, der allein noch Befehle erteilt. Hier bahnt sich bereits die Antonius-Tragödie an, die Shakespeare dann in "Antonius und Kleopatra" gestaltet.

6. Casca

In der zweiten Szene des ersten Aktes lernen wir in Casca einen Spötter und recht unfreundlichen Kritiker kennen, dessen Unmut noch kein bestimmtes Ziel hat. Er kommt im Gefolge Cäsars. Aber er achtet im Grunde Cäsar nicht, weil dieser sich allzu viel mit dem Volk, für das er nur die verächtlichsten Ausdrücke findet, einläßt. Für Casca ist die Szene, in der Antonius die Krone anbietet, die

Cäsar dann unter dem Gebrüll des Pöbels zurückweist, eine Posse. Er verachtet Cäsar, weil er sich vom Pack beklatschen läßt wie ein Komödiant. Darüber weiß Casca nicht genug hämische Bemerkungen zu machen. Er ist ein Satiriker, der die Menschen verachtet, in ihrem Tun und Treiben nur Possenspiel sieht. Nur aus des Brutus Bemerkung:

> "Was für ein plumper Bursch ist dies geworden!
> Er war voll Feuer als mein Schulgenoß", (I,2)

und der folgenden Ausführung des Cassius:

> "Das ist er jetzt noch bei der Ausführung
> Von jedem kühnen, edlen Unternehmen,
> Stellt er sich schon so unbeholfen an", (I,2)

läßt sich der Casca erraten, der uns in der nächsten Szene entgegentritt. Schaudernd steht er vor dem furchtbaren Ausbruch der Natur, als Boten furchtbarer Warnung erscheinen ihm die schrecklichen Zeichen und das Unwetter der Nacht. Jetzt ist er rasch durch die Schilderungen des Cassius, daß alles Unheil von Cäsars allzu groß gewordener Macht kommt, daß die Götter zürnen, weil die überlieferte Freiheit Roms untergeht, für die Verschwörung gewonnen. Er zweifelt nicht mehr daran, daß durch Cäsars Beseitigung alles Verlorene wiedergewonnen wird. Von jetzt ab ist er aber nicht mehr als ein Verschworener unter anderen. Nach dem dritten Akt, in dem er, obwohl er den ersten Stoß gegen Cäsar führt, doch nur eine untergeordnete Rolle spielt, verschwindet er ganz aus dem Stück. Für den Schauspieler, der diese Gestalt wiederzugeben hat, wird sich immer die Schwierigkeit ergeben, diesen unvorbereiteten Wechsel von plump-witziger Prosa zum Pathos des Verses zu gestalten.

7. Calpurnia und Portia

In den politischen Dramen “Julius Caesar” treten nur zwei Frauen auf: Caesars Gemahlin Calpurnia und Brutus’ Gemahlin Portia, die Tochter Catos.

Calpurnia, von schlimmen Vorahnungen und Befürchtungen gequält, will Caesar nicht auf das Capitol lassen.

Wie Calpurnia ihrem Gatten Caesar beisteht, ist die mutige, starke Portia um Brutus besorgt und will sein Geheimnis mittragen. Auch sie warnt Brutus; als er sie trotzdem verläßt und sie später von der ständig wachsenden Macht des Antonius und Oktavius erfährt, gibt sie sich selbst auf eine grausame Weise den Tod.

4. ZUR DISKUSSION GESTELLT

4.1 SITUATIONSDOPPELUNG IN SHAKESPEARES "JULIUS CÄSAR"

(Wolfgang Riehle, Shakespeares "Julius Cäsar" in Dieter Mehl (Hrsg.), Das englische Drama vom Mittelalter bis zur Gegenwart. Düsseldorf 1970)

Man sollte nun freilich nicht in den Fehler verfallen, der großen Rede des Antonius gegenüber die Ansprache des Brutus abzuwerten, denn auch er beherrscht die Rhetorik, was seine reichlich angewandten rhetorischen Figuren deutlich genug beweisen. Im Gegensatz zu Antonius wählt Brutus für seine Rede Prosa, denn sie entspricht der Nüchternheit seiner Sprache, die mit rationalen Argumenten das Volk von der Notwendigkeit der Ermordung Cäsars zu überzeugen sucht. Der Gegensatz zwischen der perfekten, über viele ironische Untertöne verfügenden verbalen Wendigkeit des Antonius und der abstrakten, nur rationale Argumente verwendenden Sprechweise des Brutus bildet ein großartiges Beispiel für Shakespeares Kunst der sprachlichen Kontrastierung.
Eine solche zum Vergleich auffordernde Doppelung einer dramatischen Situation, wie sie sich aus den aufeinanderfolgenden Reden von Brutus und Antonius ergibt, ist typisch für die Struktur der *Cäsar*-Tragödie, die von vielen echoartigen Wiederholungen und parallelen Situationen durchzogen wird, so daß man mit Recht hat sagen können, der Zuschauer habe in *Julius Cäsar* oft das Gefühl, dasselbe oder ähnliches schon einmal in einem früheren Stadium des Dramas gesehen zu haben. Ein Grund dafür liegt in der strengen Symmetrie des Aufbaus. Die Hauptfiguren sind einander zugeordnet. Cäsar stehen Brutus und Antonius gegenüber, die beide mit ihm befreundet sind und an der Spitze zweier Parteien -

der Verschwörer bzw. der Rächer - auftreten. Der Mord an Cäsar bildet genau die Mitte des Dramas, und mit Moniton und Granville-Barker kann man den Beginn des zweiten Teils der Handlung in dem Auftreten von Antonius' Diener (III,2) sehen, der das Zusammentreffen seines Herrn mit den Verschwörern einleitet. Der Cäsarmord findet sein Gegenstück im Untergang der Verschwörer am Schluß der Tragödie, der seinerseits durch den Selbstmord von Cassius und Brutus zwei getrennt dramatisierte Höhepunkte aufweist.
Die auffallendste Motiv- und Situationsverdoppelung des ganzen Dramas ergibt sich aus der Aufeinanderfolge der Szenen II,1 und II,2, in deren Mittelpunkt Brutus bzw. Cäsar steht. Auf überzeugende Weise hat N. Rabkin nachgewiesen, wie diese Doppelung aufs engste mit der zentralen Thematik der Tragödie zusammenhängt. Schon der äußere Handlungsverlauf weist eine Reihe bemerkenswerter Ähnlichkeiten auf: sowohl Brutus als auch Cäsar empfangen beim Morgengrauen eine Gruppe von Verschwörern; beide fassen den Entschluß, aufs Capitol zu gehen. Wie Portia ihren Mann auf den Knien bittet, sie in sein Geheimnis einzuweihen, so versucht Calpurnia, Cäsar mit kniefälligen Bitten von seinem Entschluß, an der verhängnisvollen Senatssitzung teilzunehmen, abzubringen. Die Ähnlichkeit der beiden Szenen gipfelt schließlich darin, daß das Verhalten von Brutus und Cäsar gewisse gemeinsame Züge sichtbar macht. Brutus bespricht mit den Verschwörern seine Beteiligung am Komplott und das erforderliche taktische Vorgehen auf eine Weise, die nicht nur seine "honour" unter Beweis stellt (etwa durch den Verzicht auf die Bekräftigung ihres Bündnisses mit einem Eid), sondern die zugleich auch durch die Art, wie er unmittelbar nach seinem eigenen Beitritt die Beteiligung Ciceros als überflüssig auszuschalten sucht, eine gewisse Eitelkeit erkennen läßt. Auf ganz ähnliche Weise ist bei Cäsar römische Ehrenhaftigkeit gepaart mit eitler Selbstgefälligkeit, wenn er den Gedanken an Todesfurcht großmütig zurückweist, für seine Furchtlosigkeit zugleich aber bewundernden Beifall heischt: "Danger knows full well / That Caesar is more dangerous than he" (II,2). Sprachlicher Ausdruck für diesen

Stolz ist bei beiden ihre Vorliebe, von sich selbst in der dritten Person zu reden. Brutus wie auch Cäsar sind denn auch recht anfällig für Schmeicheleien. Während Brutus sich in II,1 von den Verschwörern umwerben läßt, entwickelt Decius in ironischer Gegenüberstellung noch in derselben Szene seinen Plan, mit dem er versuchen will, Cäsar im Falle seines Widerstrebens zum Gang aufs Capitol zu bewegen: er beabsichtigt, ihn gerade mit dem hintergründigen Kompliment zu schmeicheln, er sei gegen Schönrederei gefeit. Beide sind zum Handeln entschlossen, als ihnen versichert wird, Rom sei auf sie angewiesen: Brutus wird in den fingierten Briefen, die Cassius in sein Fenster wirft, als Retter Roms bezeichnet, und Cäsar kann der verlockenden Deutung von Calpurnias Traum durch Decius nicht widerstehen, daß Rom von ihm wie von frischem Blute neu belebt werde. So kontrastiert Shakespeare in Cäsar und Brutus zwei große und großherzige Persönlichkeiten, die einerseits das Wohl Roms über ihre eigenen Interessen stellen, die aber andererseits auch auf das Lob der Öffentlichkeit bedacht sind. Obwohl Shakespeare der Freundschaft zwischen Brutus und Cäsar große Bedeutung beimißt, wird im Drama stets nur indirekt auf sie angespielt. In seiner Rechtfertigungsrede bekennt Brutus zwar, er habe mit Cäsar seinen "best lover" getötet, und Antonius erinnert das Volk von Rom in seiner Gegenrede daran, Brutus sei "Caesar's angel" gewesen, aber man wird die überraschende Feststellung machen, daß Brutus und Cäsar im Verlauf der Tragödie kaum ein Wort wechseln. Abgesehen davon, daß Brutus die Warnung des Wahrsagers in der zweiten Szene für Cäsar wiederholt und daß er auf der Senatssitzung die Petition des Metellus Cimber ebenfalls unterstützt, wendet er sich nur einmal an Cäsar, um ihn mit den Worten: "Caesar, 'is strucken eight" (II,2) daran zu erinnern, daß es Zeit sei, auf das Capitol zu gehen; danach entgegnet ihm dieser höflich aber kühl: "I thank you for your pains and courtesy." Dies verdeutlicht, wie sehr Brutus von Anfang an seine Bindung an Cäsar infolge seines politischen Engagements gelockert hat.
Die Reden des Brutus und Antonius auf dem Forum zu Rom

anläßlich der Ermordung Julius Cäsars sind Musterbeispiele politischer Redekunst. Sie zeigen, daß William Shakespeare, der diese Reden den beiden Hauptträgern der Handlung in den Mund legte, nicht nur über ein tiefes Verständnis aller wichtigen Regeln der Redekunst, sondern auch über außerordentliche psychologische Kenntnisse bezüglich des Verhältnisses eines Redners zur Volksmasse verfügte.
Die Rede des Brutus wendet sich vor allem an den Verstand seiner Zuhörer. Sie ist nach den Regeln des gegensätzlichen und parallelen Sprachstils überlegt und kunstvoll gebaut. Die gewollt maßvollen Worte zur Verteidigung der Ermordung Cäsars zielen auf die Beruhigung der Gemüter, entbehren jedoch der inneren Wärme und bleiben den Beweis schuldig, daß Cäsar herrschsüchtig war. Nach einem dreimaligen Auftakt (1. "Hört mich . . ." 2. "Glaubt mir . . ." 3. "Richtet mich . . .") stellt Brutus fest, daß niemand in der Versammlung sei, dessen Liebe zu Cäsar geringer wäre als seine. Damit will er seinen Widersachern von vornherein alle Unterstellungen aus der Hand schlagen. Diese Feststellung erfolgt jedoch nicht in einem einfachen, wirkungslosen, sondern in einem wirkungsvollen, rhetorischen Fragecharakter" tragenden Satz: "Ist jemand in dieser Versammlung, irgend ein herzlicher Freund Cäsars, dem sage ich . . ." Auch der Folgesatz gibt die Antwort nicht unmittelbar, sondern geht zunächst rhetorisch viel wirkungsvoller von der Möglichkeit des Fragens nach der Antwort aus: "Wenn dieser Freund dann fragt, warum Brutus gegen Cäsar aufstand, ist dies meine Antwort . . ." Die Antwort selbst wird sehr geschickt in der Form einer Antithese gegeben: "Nicht weil ich Cäsar weniger liebte, sondern weil ich Rom mehr liebte."
Die rhetorische Frage "Wolltet ihr lieber, Cäsar lebte, und ihr stürbet alle als Sklaven, als daß Cäsar tot ist, damit ihr alle lebet wie freie Männer?" leitet zu der eigentlichen Angabe des Grundes über, aus dem heraus Brutus Cäsar erschlug. Auch diese rhetorische Frage baut sich ganz auf dem antithetischen Sprachstil auf und gewinnt daraus ihre Wirkung: Cäsar lebte - Cäsar tot ist; Sklaven - freie

Männer. Man braucht nur einmal die Worte des letzten Satzteiles umzustellen, um zu erkennen, wie der Satz an Wirkung verliert: "damit ihr alle wie freie Männer lebet" statt "damit ihr alle lebet wie freie Männer". Es sind immer die letzten Worte eines Redners, die den Hörern am längsten im Gedächtnis bleiben; daher stellt Brutus hier das, worauf es ihm ankommt und was ihm die Zustimmung der Masse sichern soll, an das Ende des Satzes. In vierfacher Hinsicht wird nun die Haltung Brutus' gegenüber Cäsar begründet; drei Umstände sprechen für Cäsar und bedingen die Tränen, die Freude und die Verehrung des Brutus für ihn; aber der vierte Umstand - Cäsars Herrschsucht - verlangt seinen Tod. Diese vierfache Begründung der Haltung des Brutus wird zweimal gegeben, um sie allen recht verständlich zu machen: zunächst in der Form von vier parallel gebauten Kausalsätzen ("Weil Cäsar mich liebte . . ." usw.), dann noch wirkungsvoller in substantivischer Form: "Also Tränen für seine Liebe, Freude für sein Glück, Ehre für seine Tapferkeit und Tod für seine Herrschsucht." Drei parallel gebaute, parataktische rhetorische Fragen, denen jeweils eine gleichlautende Aufforderung zum Reden folgt, beschließen die Rede des Brutus, die eine Begründung für die Ermordung Cäsars darstellen soll: "Wer ist hier so niedrig gesinnt, daß er ein Knecht sein möchte? Ist es jemand, er rede, denn ich habe ihn beleidigt."
"Wer ist hier so roh, daß er nicht wünschte, ein Römer zu sein! Ist es jemand, er rede, denn ich habe ihn beleidigt."
"Ich halte inne, um Antwort zu hören."
Allerdings bleibt die Rede des Brutus die Antwort schuldig, inwiefern Cäsar herrschsüchtig war. Der bloßen Behauptung folgt kein Beweis. Die Schlußworte selbst zielen nochmals auf eine Beruhigung der Volksmenge hin und versuchen der Tat den Anschein der absoluten Gerechtigkeit zu geben. Indem Brutus für sich selbst die gleiche Strafe in Anspruch nimmt, die Cäsar zuteil wurde, hätte er so gehandelt wie dieser, stellt er sich als edel, uneigennützig und vaterlandsliebend dar und gewinnt zunächst die Meinung der Volksmasse ganz für sich.

Die Rede des Mark Anton, die der Rede Brutus folgt, ist das große klassische Beispiel einer vollendeten Demagogie. Mit teils schmeichelnden, teils ironischen Worten mobilisiert Mark Anton die ursprünglichsten Gefühle und Instinkte des Volkes. Er spricht mit persönlicher Anteilnahme und kluger Berechnung, im Bewußtsein der aufreizenden Wirkung seiner Worte, von Cäsar als seinem und des Volkes bestem Freund. Zuletzt peitscht er mit allen Mitteln einer grandios übersteigerten Redekunst die Leidenschaften der Volksmasse zu offener Empörung auf.
William Shakespeare verleiht der Rede Mark Antons schon äußerlich mehr Nachdruck, indem er ihn in Versen (Blankvers: fünffüßiger Jambus) sprechen läßt, während Brutus' Rede eine Prosarede war. Mit dem Gebaren eines Biedermannes und eines trauernden Freundes tritt Mark Anton vor die Menge. Bewußt untertreibt er, indem er angibt, Cäsar nur begraben, nicht aber ihn preisen zu wollen. Bewußt ironisiert er die Aussage des "edlen" Brutus, daß Cäsar voll Herrschsucht war; die fünffache (!!) Feststellung, daß Brutus ein "ehrenwerter" Mann sei (zuletzt: daß er *gewiß* ein ehrenwerter Mann sei!), soll die Zuhörer aufrütteln, zum Nachdenken anregen und gleichzeitig alle möglichen Vorwürfe gegen den Redner selbst von vornherein zum Verstummen bringen.
War Brutus den Beweis für Cäsars Herrschsucht schuldig geblieben, so führt Mark Anton im Gegensatz zu Brutus Beispiele dafür an, daß Cäsar *nicht* herrschsüchtig war. Die doppelte rhetorische Frage "Sah das der Herrschsucht wohl am Cäsar gleich?" und "War das Herrschsucht?" verlangt auf Grund der gegebenen Beispiele ein klares "Nein!" als Antwort und widerlegt so die gegenteilige Behauptung des Brutus, die Mark Anton angeblich zwar nicht zu widerlegen gewillt ist - ein geschickter Schachzug -, tatsächlich aber doch widerlegt:

> "Ich will, was Brutus sprach, nicht widerlegen,
> Ich spreche hier von dem nur, was ich weiß."

Die Schlußworte dieses ersten Teils der Ansprache zielen darauf ab, Mitleid mit dem trauernden Freund des Ermordeten, dem Redner selbst, und dem Opfer des Mordanschlags, dem Ermordeten, zu erwecken; wieder ein geschickter Schachzug in dem wohlberechneten Gefüge dieser meisterhaften Rede.
Mit einem Hinweis auf die Größe und den jähen Fall Julius Cäsars setzt Mark Anton seine Rede fort. Gerade das, was er angeblich nicht tun will, versucht er zu erreichen: die elementarsten Triebe des Volkes aufzuputschen, Wut und Empörung zu erwecken. Indem er diese Worte nennt, suggeriert er sie seinen Hörern, deckt sich selber aber gleichzeitig dadurch ab, daß er jedes demagogische Bestreben von sich weist, daß er sich selber und seine Hörer vor den Verschwörern bewußt herabsetzt:

> "O Bürger! Strebt' ich, Herz und Mut in euch
> Zur Wut und zur Empörung zu entflammen,
> So tät' ich Cassius und Brutus unrecht,
> Die ihr als ehrenwerte Männer kennt.
> Ich will nicht ihnen unrecht tun, will lieber
> Dem Toten unrecht tun, mir selbst und euch,
> Als ehrenwerten Männern, wie sie sind."

Mit der Bekanntgabe des Auffindens von Cäsars Testament spielt Mark Anton seinen entscheidenden, wenn auch noch nicht letzten Trumpf aus. Die Nennung des Testaments rührt die elementarsten und primitivsten Instinkte der Masse auf: Neugier und Erwartung, Habsucht und Gier. Die Bemerkung Mark Antons, daß er das Testament nicht zu lesen gedenke, muß - Shakespeare ist ein guter Kenner der Massenpsychologie - die gegenteilige Wirkung haben: die Menge verlangt die Lesung des Testaments, und Mark Anton gibt - scheinbar gezwungen - nur zu gerne nach. Sein Zögern, seine Bedenken, den "ehrenwerten Männern, von deren Dolchen Cäsar fiel", zu nahe zu treten, stacheln die Begierde der Masse noch mehr an; die angebliche Befürchtung Mark Antons, sie "in Flammen zu setzen", sie "rasend zu machen" - tatsächlich ist es gerade das, was er beabsichtigt -, muß die gewünschte Wirkung haben. Immer wieder sehen wir, wie der Redner das, was er erreichen will, als das *nicht* Wünschenswerte oder Zweckmäßige hinstellt: er weiß, daß das Zurückhalten oder Verweigern eine "Kollektivnervosität" erzeugen und das Verlangen der Menge nach der Erfüllung ihres Willens nur um so mehr steigern muß.

Befriedigt über die erwartete Wirkung seiner wohlgezielten Worte ruft Mark Anton schließlich aus:

> "So zwingt ihr mich, das Testament zu lesen?"

Er hat erreicht, was er wollte und handelt nun scheinbar gegen seinen eigenen Willen als Beauftragter des Volkes. Das Gesetz des Handelns scheint von ihm auf die Menge übergegangen zu sein, der er in Wahrheit doch nur seine Gedanken und seinen Willen aufgezwungen hat. Ein großartiges Beispiel für die Massenlenkung durch einen psychologisch gut geschulten Redner, der sich die Einseitigkeit und den Überschwang, die Beeinflußbarkeit und Leichtgläubigkeit, die primitiven Instinkte und den Herdentrieb der Masse zunutze zu machen weiß.

Ein Meisterwerk der Redekunst ist auch der dritte Teil der Ansprache, deren Zweck nur darin besteht, Mitleid mit dem Ermordeten zu erwecken, die Namen der Verschwörer nochmals in Erinnerung zu rufen und an der Größe des Ermordeten die Abscheulichkeit des begangenen Verbrechens erahnen zu lassen.

Und nun, da die Menge bereits ein willfähriges Werkzeug in der Hand des Redners geworden ist, kann dieser seinen letzten und wirkungsvollsten Trumpf ausspielen:

> "Wie? Weint ihr, gute Herzen, sehr ihr gleich
> Nur unsers Cäsars Kleid verletzt? Schaut her!
> Hier ist er selbst, geschändet von Verrätern!"

Mark Anton hat die Maske fallen lassen. Zum ersten Mal nennt er selbst die "ehrenwerten" Männer Verräter. Das ist das Stichwort für

die offene Empörung und Meuterei. Zwar versucht er im letzten Teil seiner Rede noch einmal scheinbar zu beruhigen und zu dämpfen, aber nur, um desto mehr aufzureizen. Stets ist das Gegenteil von dem was er sagt, richtig. "Nicht euer Herz zu stehlen komm' ich, Freunde" - aber gerade deswegen kam und sprach er; "Ich bin kein Redner, wie es Brutus ist" - sondern ein viel besserer, der bewußt alle Mittel der Agitation und Demagogie einsetzt; " Ich habe weder Witz noch Worte, noch Würd' und Vortrag, noch die Macht der Rede, der Menschen Blut zu reizen" - aber gerade diese Eigenschaft besitzt Mark Anton wie kein anderer sonst.
Unverhüllt zeigen die letzten Worte des Redners, worauf es ihm ankommt:

> "......... Aber wär' ich Brutus,
> Und Brutus Mark Anton, dann gäb' es einen,
> Der eure Geister schürt' und jeder Wunde
> Des Cäsar eine Zunge lieh, die selbst
> Die Steine Roms zum Aufstand würd' empören!"

Das ist das Ziel der Rede: Aufstand und Empörung gegen die Verschworenen. Kaum bedarf es noch der Lesung des Testaments, welche die bereits erfolgte Umstimmung der Masse nur noch bekräftigt. Die rhetorische Frage: "Das war ein Cäsar: wann kommt seinesgleichen?" beschließt diese großartige Agitationsrede, die in der gesamten Weltliteratur wohl nicht ihresgleichen hat.

4.2 SHAKESPEARES JULIUS CÄSAR UND MARCUS BRUTUS:

(1) These und Antithese

(Bernd Kytzler, Julius Cäsar, Dichtung und Wirklichkeit, Frankfurt a. M. 1963)

In der Gestalt Cäsars ist der Gegensatz zwischen geistiger Mächtigkeit und körperlicher Schwäche besonders hervorgehoben. Cäsar wirkt bereits mit an der Erhöhung der Cäsargestalt, aber er vermag ihr nicht selbst zu genügen. Er meint, den Wahrsager mit einem Blick zu durchschauen, aber er täuscht sich. Er meint, den tobenden Fluß meistern zu können, aber er unterliegt. Er versichert, Cassius nicht zu fürchten, vor dem ihn doch ein ungewisses Bangen ergreift, und wird sein Opfer. Er zeigt in seinen Worten das kosmisch geweitete Bild des unerschütterlichen Herrschers - und fällt im nächsten Augenblick als tote Kreatur zu Boden. Es sind nicht Ehrgeiz und Wollust, die Laster, die Plutarch und die Überlieferung an Cäsar tadeln, sondern es ist die menschliche Überheblichkeit, die Cäsar vor den Augen der Zuschauer ins Verderben führt.
Brutus ist in anderer, in seiner Weise überheblich. Er sieht, daß Cäsar kein Tyrann ist, aber er tötet ihn auf die Gefahr hin, daß er es werden könnte. Nicht anders als Cäsar meint auch Brutus, die Welt und die Menschenzu erkennen, und geht gleichermaßen daran zugrunde. Er hört auf Cassius, aber dieser verführt ihn durch gefälschte Urkunden. Er tötet Cäsar, aber seinen Geist, den es eigentlich zu überwinden gilt, vermag er nicht zu bannen. Er rettet Antonius und ist zu ihm freundlich und entgegenkommend, aber dieser ergreift die erste Gelegenheit, Brutus ins Unrecht zu setzen und zu verderben. Er dringt auf das sofortige Wagnis der Schlacht gegen die Nachfolger Cäsars, aber seine Truppen greifen zu früh an, die Entscheidung fällt gegen ihn. Stets meinen beide, Brutus wie

Cäsar, im Recht zu sein, das Rechte zu wissen, aber stets vermögen sie nicht der Wirklichkeit ihren Willen aufzuzwingen und die Realität zu sehen. Beide bieten theatralisch ihr Leben dem römischen Volke an; beide werden vom Schicksal in fürchterlicher Weise beim Wort genommen. Verblendung führt das Opfer wie den Mörder in die Irre und ins Verderben, Verblendung über die Welt und den einem jeden in ihr zugewiesenen Platz . . .
Sich in These und Antithese vorurteilsfrei zu orientieren und zu bewähren, zeigt das Stück als menschliche Aufgabe. Es feiert nicht den einen oder den anderen Helden, sondern es deutet eine diffizile Problematik an. Die beiden großen kontrastierenden Figuren aus der Antike, der exemplarische Herrscher und der exemplarische Freiheitsheld, haben ihr beide nicht zu genügen vermocht. Sie haben ein politisches Programm verwirklicht, aber sie sind der Verblendung zum Opfer gefallen.

(2) BRUTUS

(Friedrich Nietzsche, Gesammelt Werke, Leipzig 1930)

Das Schönste, was ich zum Ruhme Shakespeares, des Menschen, zu sagen wüßte, ist dies: er hat an *Brutus* geglaubt und kein Stäubchen Mißtrauen auf diese Tugend geworfen. Ihm hat er seine beste Tragödie geweiht - sie wird jetzt immer noch mit einem falschen Namen genannt -, ihm und dem furchtbarsten Inbegriff hoher Moral. Unabhängigkeit der Seele - das gilt es hier! Kein Opfer kann da zu groß sein: seinen liebsten Freund selbst muß man ihr opfern können, und sei er noch dazu der herrlichste Mensch, die Zierde der Welt, das Genie ohnegleichen - wenn man nämlich die Freiheit als die Freiheit großer Seelen liebt und durch ihn dieser Freiheit Gefahr droht: derart muß Shakespeare gefühlt haben! Die Höhe, in welche er Cäsar stellt, ist die feinste Ehre, die er Brutus erweisen konnte: so erst erhebt er dessen inneres Problem ins

Ungeheure und ebenso die seelische Kraft, welche diesen Knoten zu zerhauen vermochte! Und war es wirklich die politische Freiheit, welche diesen Dichter zum Mitgefühl mit Brutus trieb -zum Mitschuldigen des Brutus machte? Oder war die politische Freiheit nur eine Symbolik für etwas Unaussprechbares? Stehen wir vielleicht vor irgendeinem unbekannt Gebliebenen? Was ist alle Hamlet-Melancholie gegen die Melancholie des Brutus! Was es aber auch derart an geheimen Bezügen gegeben haben mag: vor der ganzen Gestalt und Tugend des Brutus warf sich Shakespeare auf den Boden und fühlte sich unwürdig und ferne: das Zeugnis dafür hat er in diese Tragödie hineingeschrieben.

(3) DIE MINDERWERTIGKEIT CÄSARS

(Helmut Holthaus, Nordsee-Zeitung, September 1956)

Vor 2000 Jahren, zu Beginn einer Senatszeit, trug sich in Rom das Folgende zu:
Beim Eintritt Cäsars stand der ganze Senat vor ihm auf, und sobald er sich gesetzt hatte, stellten sich die Verschworenen um ihn herum und schoben aus ihrer Mitte den Tullius Cimber vor, der für seinen in der Verbannung befindlichen Bruder bitten sollte. Die anderen unterstützten seine Bitte, ergriffen Cäsars Hände und küßten ihm die Brust und den Kopf. Anfänglich lehnte er in Güte ab, da sie aber nicht nachließen, hob er sich hastig gegen sie empor, worauf Tullius mit beiden Händen die Toga von den Schultern herabstreifte. Das war das verabredete Zeichen. Casca, der zunächst hinter Cäsar stand, zog den Dolch und brachte ihm die erste Wunde am Hals bei, die aber weder tödlich war noch tief eindrang, weil er, wie leicht zu denken, im Anfang eines so großen Wagstückes vor Angst zittete. Cäsar faßte gleich den Griff des Dolches und schrie laut: Verfluchter Casca, was tust du? Indes zog jeder der Verschworenen einen Dolch hervor, und Cäsar, von allen Seiten umringt, begegnete,

wohin er sich auch wenden mochte, den nach dem Gesicht und den Augen gerichteten Dolchstößen. Denn es war ausgemacht worden, daß jeder das Seinige zum Morde beitragen sollte. Eine Zeitlang versuchte er sich zu wehren und warf sich unter lautem Geschrei bald auf diese bald auf jene Seite. Als er aber den Brutus mit gezücktem Dolch erblickte, zog er die Toga über den Kopf und gab sich den Stichen preis. Brutus traf ihn in den Schoß. Cäsar bekam dreiundzwanzig Stiche.

Es ist sicher, daß die grausige Tat sich so abgespielt hat; die Berichterstatter weichen nur in unwesentlichen Punkten voneinander ab. Ich bin hier dem Plutarch gefolgt (in seinen Büchern Cäsar und Brutus), dem ehrenhaften und hochgebildeten Griechen, der hundertfünfzig Jahre nach Cäsar geboren wurde und dessen Werke, modern zu reden, Bestseller blieben bis ins Mittelalter, übrigens Shakespeare als Quellen dienten und von Goethe mit Verehrung gelesen wurden.

Was war das Einmalige an Cäsar, daß man seines Todestages immer noch gedenkt und die Szene seiner Ermordung so lebhaft vor Augen hat, als wäre er nicht 2000, sondern höchstens 200 Jahre tot? Sein Sterben, so schaurig es war, hat nichts Besonderes, das Umbringen entsprach der Spielregel in dem großen Spiel - wer sich nicht selbst ermordete oder töten ließ wie Cassius, Brutus, Antonius, der wurde ermordet wie Pompejus und Cicero. Unvergleichlich war nicht einmal sein Leben; Männer und Taten dieses Formats hatte die Antike mehr. Es waren seine Wirkungen - von ihm so wenig geahnt, wie ein Vulkan seine Wirkung ahnt - die seinen Ruhm frisch erhielten und den Tag seines Ablebens noch nach 2000 Jahren auf den Gedenkkalender setzen - eine Ehre, die sonst kaum einem Sterblichen widerfährt.

Wer war der Mann, der da vor Zeiten in einer Säulenhalle verblutete, daß sein Name zum höchsten Herrschertitel wurde von den römischen bis zu den deutschen und russischen Cäsaren (Kaisern, Zaren)? War er der, der in einem Alpenflecken sagte, er wolle lieber hier der erste als in Rom der zweite sein? Der sich in Spanien darüber beklagte, daß in seinem Alter Alexander schon über viele Völker herrschte und er noch nichts Rühmliches vollbracht habe? Der vor dem Überschreiten des Flusses Rubikon, in offene Feindschaft zu seinem Rivalen Pompejus tretend und den Bürgerkrieg auslösend, den großen Ausspruch tat: Möge der Würfel fallen? War er der Kriegsgott, der das Schlachfeld von Zela mit den stolzen Worten veni, vidi, vici verließ - ich kam, ich sah, ich siegte? War er der Edle, der, umringt von der Übermacht feiger Verräter, zu seinem geliebten Brutus (dessen Dolchstoß vielleicht der tödlichste war) sagte: Auch du, mein Sohn? War er überhaupt der, den wir aus der Schule und von der Bühne kennen?

Cäsar war ein kränklicher Mann von blasser Farbe und hagerer Statur, der unter epileptischen Anfällen litt. Aber seine Willenskraft wurde mit diesen Schwierigkeiten fertig, und die Römer sahen staunend, wie aus dem schwächlichen, ja weibischen Partiziersohn, der sich mit einem Finger auf dem Kopf kratzte, um nicht die schön gekräuselte Frisur zu zerstören, und dem man sogar nachsagte, er habe als Liebling in den Armen eines lüsternen asiatischen Königs gelegen, ein abgehärteter Kriegsmann wurde, der die Strapazen der gallischen Feldzüge ertrug.

Aber Willenskraft und Klugheit - er besaß beides in ungewöhnlichem Maße - genügten nicht, um sich gegen die mächtigste Rivalität zum Imperator aufzuschwingen. Dazu mußte er nicht bloß ein guter Truppenführer, genialer Feldherr, wirksamer Redner und geschickter Schriftsteller sein - er war das alles - dazu waren noch andere Eigenschaften erforderlich, und er brachte sie mit.

In erster Linie: umfassende moralische Gleichgültigkeit. Seine Wege nachzuschreiten, die ihn - für vier kurze Jahre - auf die einsame Höhe des Alleinherrschers und schließlich des "Diktators auf Lebenszeit" führten (der Lebensfaden wurde dann allerdings von den Dolchen nach einem Jahr abgeschnitten), ist keine erquikkende Wanderung. Cäsar war korrupt; die Waffen der Bürger dienten ihm dazu, den Galliern ihre Reichtümer abzunehmen, und die Reichtümer verwendete er, um die Bürger zu bestechen. Mit 250

Talenten - das sind in unserem Geld etwa zwei Millionen - zog er den Curio auf seine Seite, ein gewisser Paulus bekam gar 12 Millionen, und auch die Anhänglichkeit des schwer verschuldeten Antonius war mit großen Summen gekauft. Cäsar war selbst ein Verschwender und Schuldenmacher größten Stils; eine Schuldenlast von zehn Millionen lud er sich schon vor Antritt seines ersten Staatsamtes auf, in der Zeit, als er es liebte, durch prachtvolle Lebensart und Weltmannstum von sich reden zu machen und Freunde zu gewinnen. Aber auch später, nach seinen Triumphen, zeigte er sich nicht kleinlich. An 22 000 Tischen bewirtete er die gesamte Bürgerschaft Roms. Er war schlau und untreu, ein Intrigant; er betrog gallische Bundesgenossen und überfiel germanische Feinde während der Friedensverhandlungen; das Angebot der Königswürde vor dem Volk war ein mit Antonius verabredeter, allerdings geplatzter Versuchsballon; mit der Wahrheit nahm er es nicht so genau, auch nicht in seinen Büchern über den gallischen und den Bügerkrieg, und seine verfrühten Behauptungen, der Krieg in Gallien sei zu Ende, waren bewußte Falschmeldungen (was uns an die gleiche Leistung Hitlers im Rußlandkrieg erinnert). Er war grausam; den Gefangenen von Uxelloduum ließ er die Hände abhacken, die Führer der Carnuten zu Tode peitschen, er ließ niedermetzeln, sengen und rauben und richtete in Gallien fürchterliche Verwüstungen an. Er war herrsch- und ruhmsüchtig, ließ sich zum Halbgott machen und strebte wie die Historiker es auch drehen und wenden, auch frontal nach der absoluten Monarchie, die er praktisch schon besaß. Dies kostete ihn das Leben. Es kann keine Rede davon sein, daß er einem feigen, erbärmlichen Komplott zum Opfer gefallen wäre. Seine Herrschaft war "die ausgemachte Tyrannei". So drückt Plutarch es aus, der die Triebkräfte Cäsars in einem einzigen klassischen Satz zusammenfaßt. "Ihn reizte zum Kriege gegen die ganze Welt eben das, was vormals Alexander und noch früher den Kyrus dazu getrieben hatte, eine unersättliche Herrschsucht, eine rasende Begierde, der erste und größte zu sein."
Es entsprach dem Klima jener Epoche aus Gold und Eisen. Seine

Mörder waren kaum besser als er, wenn sie auch nicht die Kraft besaßen, den Geist der Zeit in ihrer Person so vollkommen zur Geltung zu bringen. Lautere Beweggründe hatte wahrscheinlich nur einer, Brutus.
Julius Cäsar hatte nicht die Größe Roms, er hatte die Größe Julius Cäsars im Auge. An den Iden des März stand er kurz vor einem großen persischen Feldzug, der das Imperium abrunden und aus der er als Gebieter des Erdkreises heimkehren wollte. Den Gipfel, den die Tyrannei dann würde erklettert haben, fürchteten die Verschwörer. Cäsar wollte Weltkaiser werden. Er wurde - durch die Unterwerfung Galliens und die Sicherung der Pyrenäenhalbinsel, woraus die Latinisierung des am Atlantik gelegenen Europas folgte - der Begründer der romanischen Welt des Westens. Man muß den Historikern beipflichten, die darin Cäsas historische Leistung sehen - wenngleich niemand von ihnen sagen kann, ob nicht die lateinische Welt auch ohne Cäsar entstanden wäre.

(4) WAR CAESAR GROSS?

(Christian Meier, Caesar und das Problem der Größe, Frankfurter Allg. Zeitung, 9. Januar 1982)

Jacob Burckhardt war durch Caesar bezaubert. Er findet in ihm "die Milde des Genius", im Unterschied zur Frechheit des Rotüriers: "Ein wundervoll organisierter Geist von unglaublicher Vielseitigkeit, Spannkraft, Schärfe, die größte Kühnheit und Entschlossenheit, verbunden mit Klugheit und Verschlagenheit. Der größte Prosaiker Roms."
Bis an die Schwelle der Gegenwart heran ist Caesar fast durchweg außerordentliche Größe zugesprochen worden. Wenn man es vergröbernd sagen will, faszinierte er zunächst als der erste der Kaiser, der Begründer der Monarchie in Rom, der Mann, von dem die höchste Würde im Abendland ihren Namen hatte.

Dann fand man seit der Renaissance hinter dem Namen die große Persönlichkeit mit all ihren Facetten, den Feldherrn, Eroberer Galliens und des ganzen Römischen Reiches, den bedeutenden Schriftsteller, den großen Organisator, Strategen, Soldatenführer, Politiker, Diplomat und Herzensbrecher in einem; einem Römer zudem und mit unerhört männlichem Charme; Sieger nicht nur, sondern mild gegenüber den Besiegten; unbeirrbar und von verwegener Unbekümmertheit; einen Mann, der ununterbrochen tätig war und anscheinend nirgendwo gescheitert ist, noch aus Rückschlägen zum Erfolg ausholte, rasch zupackend und glanzvoll dabei. Man mochte sein Werk eher positiv oder eher negativ beurteilen: Der Eindruck seiner Größe war dadurch kaum betroffen. Einen Einschnitt bildete die Zeit der Aufklärung und der Französischen Revolution. Jetzt wuchsen die Zweifel, und zwar aus politischen Gründen. Man schlug sich mehr und entschiedener als zuvor auf die Seite der Freiheit, die Caesar den Römern genommen, der Republik, die er zerstört hatte. Auch der Feldherr erlitt gewisse Einbußen an Ansehen: "Wir sind zu human geworden", soll Goethe 1824 gesagt haben, "als das uns die Triumphe des Caesar nicht widerstehen sollten."
Doch gegen all diese Zweifel wurde dann eine neue Form der Größe konzipiert: die historische. Hegel sah in Caesar den Geschäftsführer des Weltgeistes. In ihm vereinte sich Allgemeines und Besonderes. Indem er seinen ganz speziellen individuellen Interessen folgte, etwa einen Bürgerkrieg eröffnete "im Interesse, sich, seine Stellung, Ehre und Sicherheit zu erhalten", also höchst eigensüchtig handelte, tat er zugleich das Notwendige. Theodor Mommsen hat dann seine Römische Geschichte in einem Kolossalgemälde von Caesar und seiner historischen Mission kulminieren lassen. Er sah in ihm eine Persönlichkeit von einzigartiger Vollkommenheit. "Das Geheimnis der Natur, in ihren vollendetsten Offenbarungen Normalität und Individualität miteinander zu verbinden, ist unaussprechbar. Uns bleibt nichts, als diejenigen glücklich zu preisen, die dieses Vollkommene schauten, und eine Ahnung desselben aus dem

Abglanz zu gewinnen, der auf den von dieser großen Natur geschaffenen Werken unvergänglich ruht."

Caesar wollte nach Mommsen kein "gemeines Königtum" haben, vielmehr "mit demokratischem Öl gesalbter König" sein. Allein, das war - wie Mommsen feststellen mußte - eine Illusion, die einzige, "in der das sehnsüchtige Verlangen in diesem starken Geiste mächtiger war als der klare Verstand". So waltet denn auch Tragik über ihm. "Denn das Verhängnis ist mächtiger als das Genie." Gleichwohl, Caesar habe durch den gallischen Krieg nicht nur die römische Zivilisation auf eine große neue Provinz ausgedehnt, sondern eben damit die Völkerwanderung zeitlich weit hinausgeschoben und der hellenisch-römischen Kultur die "nötige Frist verschafft, um den Westen ebenso zu zivilisieren, wie der Osten bereits von ihr zivilisiert war".

In vielen Punkten ist man natürlich anderer Meinung. Es herrscht Faszination und oft Bewunderung für Caesars Leistung. Aber im ganzen herrscht Nüchternheit vor. Man fragt sich: War Caesar überhaupt groß, oder ist das nur ein jahrtausendaltes Gerücht? Besaß Caesar Größe oder nur Überlegenheit?

Und man soll die Behauptung der Größe nicht überziehen, soll sich ihrer möglichen Grenzen wohl bewußt sein. An Caesar ist das schon deutlich geworden: Sein enormes Leistungsethos war einseitig: an die entscheidenden Probleme einer Neu-Integration des Geimeinwesens kam er nicht heran. Er muß das gespürt haben. Gerade damals, als man ihn mit höchsten Ehrungen gleichsam über das menschliche Niveau hinaushob, war er ratlos. Den Partherkrieg scheint er als Flucht vor unlösbaren Aufgaben in Rom beabsichtigt zu haben.

Es fehlte ihm die integrative Begabung, die nachher Augustus befähigte, eine dauerhafte Ordnung zu begründen, und dank derer er, bei durchaus schmalerem persönlichen Zuschnitt, zu den Großen der Weltgeschichte zählt. Augustus war viel schwächer, abhängiger; er war berechnend, und mit aller Vorsicht gab er die Begründung der Monarchie als Wiederherstellung der Republik aus. So vermochte er die vielleicht kunstvollste Rolle, die es in der Geschichte gegeben hat, zu spielen, nämlich seine Macht zu verleugnen und als Monarch den Ersten Bürger darzustellen. Das hätte Caesar nie gekonnt. Er hatte auch keine Gelegenheit gehabt, eine solche Begabung auszubilden. Und später war er zu hoch hinausgehoben, um die römische Gesellschaft noch in einem neuen Ganzen integrieren und vor allem darin integriert werden zu können. Es fragt sich eben, worin einer groß ist. In allem kann man es gewiß nicht sein. Und gerade das, wodurch Caesar glanzvoll gegen Augustus abstach bezeichnet politisch eine Begrenzung seiner Größe. An diesem Punkt wird auch deutlich, wie es sich bei ihm mit dem dritten Komplex der Größe, der historischen, verhält. Ich vermag keine durchweg positive Funktion Caesars in der römischen Geschichte zu erkennen. Wohl hat er Gallien erobert, und das war vom Standpunkt der Ausdehnung der Romanitas gewiß sehr wichtig. Auch organisatorisch hat er glänzene Leistungen vollbracht. Aber daneben steht, daß er die römische Welt in einen Bürgerkrieg gestürzt und es nicht vermocht, wahrscheinlich nicht einmal ernsthaft versucht hat, eine neue Ordnung herzustellen. Caesar hatte alle Macht in den Verhältnissen, aber er vermochte keine Macht über die Verhältnisse zu gewinnen. Er konnte zwar anordnen, was er wollte, aber kein Fundament finden, auf dem er eine neue Ordnung hätte errichten können. Es gab noch keines. Was die Verfassung anging, war er ganz in den Prozeß ihrer Aufösung verstrickt, als Produkt und Produzent der Krisenverschärfung. Er hat nicht über dem Geschehen gestanden, so sehr er über denMenschen stand. In der Beschleunigung des Krisenprozesses wäre ein Positivum zu sehen, wenn klar wäre, daß damit mehr Opfer erspart als verursacht worden wären.

5. PERSPEKTIVEN

5.1 ANTIKE GEDANKEN IN "JULIUS CÄSAR"

Die Römerdramen, wenn wir von dem Erstling "Titus Andronicus" absehen, sind die sichtbarsten Erscheinungen der Auseinandersetzung Shakespeares mit der Antike. Es lag im Wesen seiner Zeit, daß er sich mit dem Geiste der Antike, im besonderen der römischen Vergangenheit, auseinandersetzen mußte. Die Renaissance hatte das Studium der Alten populär gemacht. Es ist bezeichnend, daß der Dichter im "Julius Cäsar" die Vorgeschichte Cäsars offenbar bei seinem Publikum, das doch keineswegs nur aus Gebildeten bestand, ohne weiteres voraussetzte. Gerade dies Drama läßt aber auch eine Beherrschung antiken Gedankengutes erkennen, die in den beiden anderen Römerdramen "Antonius und Kleopatra" und "Coriolan" trotz einer oft viel engeren Anlehnung an die Quelle, vor allem beim zweiten Werk, nicht so beispielhaft erreicht wird. Dabei gibt es bei Shakespeare im Gegensatz zu seinem Freunde Ben Jonson keine wissenschaftliche Auseinandersetzung mit der Antike, auch hier bleibt Shakespeare der schöpferische Dichter, der im letzten Sinne doch frei aus seinen Quellen Gestalten nach seinem inneren Bilde schafft.

In doppelter Weise macht sich in "Julius Cäsar" die Einwirkung antiken Gedankengutes fühlbar, im an der Antike geschulten Formgefühl und der Kunstfertigkeit der Rede einerseits und in der Auffassung und Gestaltung der Menschen andererseits. Auch außerhalb der beiden berühmten Reden ist die Sprache immer wieder von einem rhetorischen Schwung und einer Klarheit der Argumentation, die antikes Vorbild verrät. Viele seiner Helden reden auch im Dialog, als ob sie auf der Rednerbühne ständen. Dahin gehört die meisterliche Beredsamkeit, mit der Cassius an charakteristischen Beispielen Brutus davon überzeugt, daß auch Cäsar nur ein Mensch ist wie alle anderen edlen Römer. Mit dem gleichen Schwung und der gleichen Überzeugungskraft gewinnt er den für Vorzeichen empfänglichen Casca in der nächsten Szene für den Gedanken, daß aller Aufruhr in der Natur den Unwillen der Götter über das von Cäsar drohende Ende der römischen Republik bekundet. In ihren Selbstgesprächen reden die Gestalten oft von sich selbst in der dritten Person, sie philosophieren über die Gründe ihres Handelns, berufen sich auch auf das philosophische System, dem sie anhängen. Antik ist auch, daß die Helden selbst mitten im Wirbel des Geschehns an den Ruhm denken. Ihm gilt der letzte Gedanke des Brutus. Die rhetorische Kraft wird geradezu zum Mittel der Charakterisierung wie in dem Gespräch zwischen Antonius und Oktavius (IV,1), da sich der leidenschaftliche Antonius in Beredsamkeit ergeht, während der sachlicher denkende Oktavius einsilbig antwortet.

Ihre Höhepunkte erreicht die sprachliche Gestaltung in den beiden Reden auf dem Forum. Die neuere philologische Forschung hat erwiesen, daß auch die Rede des Brutus, die oft als kunstlos und ungekonnt negativ beurteilt wurde, einem antiken rhetorischen Ideal entspricht. Im Gegensatz zur Geschichte läßt sie Shakespeare auch als einen zunächst überwältigenden Erfolg erscheinen. Wenn auch die Stelle in der Antonius-Rede, an der er sagt: “Ich bin kein Redner, wie es Brutus ist”, ein rhetorischer Kunstgriff, der sicher öfters angewandt wurde, ist, so setzt sie doch voraus, daß das Volk Brutus als guten Redner kannte und schätzte. Nirgendwo wäre Ironie schlechter angebracht als gerade an dieser Stelle, da sie Heiterkeit und Entspannung zur Folge haben müßte, während Antonius das Volk in höchster Spannung halten, zu Mitleid, Wut und Empörung wachrufen will.

Auch des Brutus Rede ist rhetorisch regelrecht aufgebaut, sie gipfelt in der allmählich vorbereiteten Begründung des Mordes, die dann verkürzt wiederholt wird. Brutus begnügt sich aber nicht damit. In einer Weise, die bei Berücksichtigung der Voraussetzungen durchaus so demagogisch ist wie die der Antonius-Rede, appelliert Brutus dann in dreimaliger Steigerung an die Vaterlandsliebe der

Römer, um ihnen die unausweichliche Entscheidung aufzuzwingen. Wenn man Brutus Kälte und Nüchternheit in seiner Rede vorwirft, so ist deren Funktion verkannt. Sie soll Rechenschaft ablegen für einen politischen Mord, sie bedarf deshalb eines anderen rhetorischen Stiles als die Lob- und Leichenrede des Antonius. Der Erfolg der Rede, den Shakespeare ganz anders darstellt als seine Quelle, nach der des Brutus Rede am Tage nach dem Morde recht kühl aufgenommen wurde, erweist, daß sie der Situation entsprach. Es ist dabei für die rhetorische Gestaltung unwesentlich, ob der Ruf "Er werde Cäsar!" die Wirkung ist, die Brutus beabsichtigt hatte. Jedenfalls sind die Mörder - vorläufig - vor dem Volk gerechtfertigt.

Antik ist auch Shakepeares Gestaltung der einzelnen Helden des Stückes, deren Handlungsweise nur aus altrömischem Denken zu erklären ist. Trotz mancher anachronistischer Benennung von Engeln oder Teufeln gibt es in diesem Drama nirgendwo eine Begründung aus christlicher Anschauung. Dabei sind entsprechend antiker Forderung alle Figuren individuell gezeichnet, auch wenn sie nur mit wenigen Strichen umrissen sind. Das wird am deutlichsten bei Cäsar, der seine höchste Wirksamkeit erst erreicht, als er nach seiner Ermordung gewissermaßen durch den Mund des Antonius zum Volke spricht und unerhörte Macht über die Herzen gewinnt. Antonius bleibt dabei stets im Hintergrund. Wohl ist seine Rede der Höhepunkt der Tragödie, aber das Volk, das eben noch Brutus zum Cäsar ausrufen wollte, hat Antonius am Ende dieser Rede vergessen. Es schreit nach Feuer und Zerstörung, aber nicht nach Antonius. Brutus hatte recht, als er ihn "Cäsars Arm" nannte. Nur erkannte er nicht, daß Cäsar auch nach seinem Tode durch diesen Arm furchtbar werden konnte. Der Mord war gerecht, so fordert Cäsar durch Antonius keine Strafe, keine Sühne. Im Geiste der Antike fordert er blutige Rache. Damit wird aber auch Cäsars Geist weit über Plutarchs Schau hinaus und antiker als bei Plutarch zur Wirklichkeit, zur wirkenden Tatsache.

5.2 "JULIUS CÄSAR" - EINE POLITISCHE TRAGÖDIE

In "De re publica" fordert Cicero von einem vollkommenen Staat, daß er von der Idee der Gerechtigkeit beherrscht sein muß. Sie wird ergänzt durch die "concorida", die Eintracht, als Grundlage des Staatsethos. Die Lenkung des Staates aber muß von der "libertas", der Freiheit, bestimmt sein (s. dazu Meißner S. 20f.). Am Ende der römischen Republik wird hier noch einmal das Ideal des vollkommenen demokratischen, von höchsten Ideen beherrschten Staates aufgestellt, das geschichtlich in solcher Reinheit wohl niemals wirklich geworden ist. Immer wieder stieß es an der harten Realität des politischen Alltages an und scheiterte. Der geschichtliche Cicero ist ebenso als Opfer seiner hohen Staatsauffassung gefallen wie Brutus.
Shakespeare hatte aus dem Geist der Renaissance eine hohe, eine überhöhte Auffassung von Römertum und Römertugend. Er bewunderte die großen Männer, die das Wohl des Vaterlandes, seine Größe und Mehrung über das eigene Leben und Wohl stellten. In "Julius Cäsar" aber erfaßt er die große Welt des Römertums an einem ihrer entscheidenden Höhe- und Wendepunkte. Aus der stolzen Republik wurde das nicht weniger stolze Kaiserreich, dessen imperiale Tradition noch zu Shakespeares Zeit recht lebendig war. Er begreift diese Welt, wie Gundolf sagt, "als eine Feier mächtigen, stolzen und glorreich-furchtbaren Daseins".
Man hat in der Kritik dieser Tragödie verschiedenartigste Auffassungen herausgestellt. Entweder sah man als eigentlichen Helden eine Abstraktion, den Cäsarismus, oder man erklärte sie einseitig als die Tragödie des Brutus, die ihren Titel nur deswegen führt, weil es Theatergewohnheit war, tragische Stücke nach dem Höchstgestellten, der darin vorkam, zu benennen. Die erste Auffassung nennt Ridley "a folly" (S. 54). Die zweite aber kann auch nicht befriedigen, denn so viel Sorgfalt der Dichter auf die Gestalt des Brutus und seine Charakterisierung, auf die menschliche Begründung seines Handelns, verwendet, so ist doch nicht eigentlich seine

Persönlichkeit und sein Schicksal Inhalt der Tragödie. Sie sind auch nur so weit gezeigt, wie sie in einen geschichtlichen Prozeß verknüpft sind, und in diesem Zusammenhang verbindet sich das Schicksal des Brutus mit dem vieler anderer. Wenn Antonius Brutus, als dieser tot ist, "den besten Römer unter allen" nennt, so spricht Brutus an der Leiche des Cassius vom "letzten aller Römer". Das kann doch nur besagen, daß Shakespeare die Ziele und die Handlungsweise des Cassius, auch wenn er viele Fehler im einzelnen hat und uns seine Beweggründe niedriger erscheinen als die des Brutus, ebenso gerechtfertigt wissen will, wie die des Brutus. "Julius Cäsar" ist mit den großen Tragödien "Hamlet", "König Lear" und "Macbeth" verglichen noch nicht die eines einzelnen Helden.
Ridley sagt in seinem Kommentar über "Julius Cäsar", daß wir ihm nur gerecht werden können, wenn wir das Werk als Übergangsstück (transition play) in des Dichters gesamten Schaffen ansehen. Es hat noch viele Züge der Historien, wenn auch sein Stoff römisch und nicht englisch ist. Aber Shakespeare ist auch auf dem Wege zu den Tragödien, "er gerät an einen Charakter, der ihn zutiefst als Mensch und nicht mehr nur als historische Gestalt interessiert" (S. 54f.). Gundolf benennt dieses Neue: "Nicht der Zweifel, sondern die Gründe, nicht das Wozu, sondern das Dennoch bestimmt das Gesicht dieser durchaus erschütterten und in der Erschütterung gesteigerten Welt" (S. 7). Hier ist ein Schlüssel zur Deutung gegeben. Shakespeare führt eine Welt im Zustand schwerster Erschütterung vor, die deshalb auch schwerste, letzte Entscheidungen fordert. Keiner Gestalt des Werkes bleibt einmal diese Entscheidung erspart.

Das Einmalige an dieser Tragödie ist, daß es keine Auseinandersetzung zwischen Gut und Böse gibt. Zwei Welten stehen einander gegenüber, die in einen Kampf auf Leben und Tod verstrickt werden: die der politischen Realität und des politischen Ideals. Beide sind einander gleichberechtigt, keine von beiden darf deshalb ganz untergehen. Es gelingt den Verschwörern zwar, Cäsar zu töten, aber ihre Dolche treffen nur die zufällige Erscheinung eines

Menschen, der gleich darauf in einem anderen neuerstehen wird. Cäsar ist für Shakespeare bereits die Verkörperung des Königtumes, wie er es sich aus dem Geiste seiner Zeit heraus nicht anders vorstellen konnte. Von diesem Gesichtspunkt aus muß jedes Wort verstanden werden, das Cäsar über sich selbst spricht. So ist es für Shakespeare auch nur natürlich, daß Kometen und schreckliche Himmelszeichen Cäsars Tod ankündigen, daß die Natur dem Aufruhr in der Menschenwelt entsprechend rebellisch wird.

Aber mit einer rein dichterischen, jeder antiquarischen Gelehrsamkeit fernen Aneignung römischen Denkens erfaßt Shakespeare auch die Besonderheit der römischen Situation. Es wimmelt im Stück gewiß von Anachronismen, aber die hier auftretenden Römer sind keineswegs kostümiert. Mancher Ton und mancher Zug im einzelnen mag englisch sein, aber alle denken und handeln wie Römer. Das kann Shakespeare nicht aus der Quelle haben, denn dem Griechen Plutarch war römisches Denken fremd. Das ist sein dichterisches Eigentum. In den Männern um Cäsar und in den Verschwörern lebt das gleiche überlieferte politische Ethos, in beiden Gruppen finden wir den Ernst der Staatsauffassung, dem das Vaterland alles, das eigene Leben nichts bedeutet. Die Würde und Hoheit, der Glanz und die Weite römischen Geistes leben ungebrochen in allen. Daran darf uns nicht irremachen, daß die Mittel, deren sich die Verschwörer und die Anhänger Cäsars bedienen, oft nach unseren Begriffen unlautere sind. Für den Römer galten andere ethische Maßstäbe.

Die politische Tragik erwächst daraus, daß der römische Staat an eine Wende geraten ist, an der sich die Menschen, auch wenn sie die gleichen Worte gebrauchen, nicht mehr verstehen können. Hier sind Cäsar und Brutus die exponierten Gestalten. Der eine vertritt das unabänderliche Neue, der andere das gute Vergangene.

Den Ruhm für ihr Denken und Handeln aber teilen beide gleich. Wenn Brutus unterliegt, so hat er doch nicht für ein überholtes politisches Ideal gekämpft, er wird “mehr Ruhm von diesem Unglückstage” haben als die Sieger. Sie folgen einer politischen

Notwendigkeit, er einem reinen Ideal. Aber auch Antonius handelt gerechtfertigt, weil er im politischen Bereich das tut, was dem Wohle des Vaterlandes dienlich ist. Es ist auch nicht die tragische Schuld, wie Gregor meint, daß sich Brutus mit Leuten verband, die in ihrer sittlichen Haltung tief unter ihm stehen. Wie Brutus, sind auch die anderen Verschwörer gerechtfertigt. Die Verschwörung wird geadelt durch das hohe patriotische Ethos, das sie trägt, durch das vaterländische Ziel, auf das sie gerichtet ist. Nur der temperamentvolle Antonius reagiert mit Haß gegen die Verschworenen. Der sachliche Oktavius sieht es nüchterner als Machtprobe zwischen zwei Staatsgrundsätzen an.

Der Mensch Cäsar konnte der Verschwörung zum Opfer fallen, die Realität überlebte ihn. Ebenso aber überlebt den Menschen Brutus die Heiligkeit und Würde seines politischen Ideals. Einer ist des andern wert. Die Ideale sind durch ihr Scheitern nicht entwertet, die politische Realität aber mußte hier notwendig über sie hinweggehen. Die Rechtfertigung politischen Handelns bringt zunächst der Erfolg. Politische Gerechtigkeit ist nicht die des Ethos. Nach einem Wort des Aristoteles aber ist das Drama philosophischer als die Geschichte. So kann der Dichter dem Brutus Gerechtigkeit widerfahren lassen. Seine Tragik war, daß er in einer Zeit der allgemeinen Erschütterung das Ideal, die Wiederherstellung wollte, als die römische Welt bereits anders geworden war. So wurde sein Leben Leiden, eine passive Melancholie, die zur Tat gedrängt wurde und doch fühlte, daß er dabei die innere Sicherheit verlor.

Diese Haltung, dieses Bewußtsein, in einer aus den Fugen geratenen Welt eine Tat tun zu müssen, die den Zustand der Erde nicht ändern wird, und die doch höchste sittliche Forderung ist, weist bereits auf die ihm nächstverwandte Gestalt Shakespeares, auf Hamlet.

5.3 DIE GRÖSSE SHAKESPEARES

Es ist jetzt beinahe 200 Jahre her, daß der alternde Goethe den Titel "Shakespeare und kein Ende" einem Aufsatz gab, in dem er sein Staunen darüber ausdrückt, daß der Genius, der seine Jugend so tief erschüttert hatte, noch immer gleich stark auf den deutschen Geist wirkte, noch immer die Meinung der Welt in erregender Weise bewegte.

Was ist der Grund für diese Tatsache? Worauf ist es zurückzuführen, daß sein Werk so lebendig geblieben ist und seine Probleme so gültig und gegenwartsnah sind wie je? Worin liegt es, daß seine Dramen diesen unvergänglichen Zauber ausüben und die Sinne aller Hörer gefangen nehmen, heute noch wie einst in den Tagen der großen Königin Elisabeth?

Unter allen Gattungen der Dichtkunst gebührt der dramatischen Dichtungsform der höchste Ruhm. Sie überwindet die Zeit und schafft das Wunder immerwährender Gegenwart. Sie ist die am meisten verdichtete, zusammengedrängte und daher selbstmächtigste unter allen dichterischen Formen. Ist Lyrik die unmittelbare Aussprache des eigenen Gefühls, des eigenen Lebens, Epik der - wenn auch persönlich gefärbte - Vortrag eines fremden Schicksals, so scheint das Drama jeder direkten oder indirekten Aussprache des Dichters zu entbehren. Die von allen lyrischen und epischen Bestandteilen gereinigte Form ist nichts anderes als ein Zwiegespräch erdachter Gestalten. Menschen, deren Schaffung höchste Schöpferkraft voraussetzt, wechseln Worte miteinander, lassen ihren Willen aufeinander wirken, lassen das Schicksal wachsen, das sie dann am Ende oft selbst überwältigt. Ist Lyrik flächenhaft, Epik linienhaft, so entspricht das Drama als Ganzes dem Körperhaften. Es ist am ehesten einem architektonischen Gebilde zu vergleichen.

Drei große Formen des abendländischen Dramas haben die beiden Jahrtausende europäischer Geistesgeschichte uns beschert: Die antike Tragödie, das Drama Shakespeares und das Drama der

deutschen Klassik. Das griechische Drama mit seinen großen lyrischen Chören und breiten epischen Berichten ist rein äußerlich, aber auch im tieferem Sinne nur halb ein Drama.
Das sophokleische Wort "Vieles Gewaltige lebt, doch nichts ist Gewaltiger als der Mensch" ist zwar das Kernwort der griechischen dramatischen Kunst, aber sie hat es nie in diesem absoluten Sinne dargestellt. Den Griechen war vielmehr etwas Höheres, Gewaltigeres bekannt: die dunkle, fremde Macht des Schicksals.
Der Schicksalsgedanke ist der Kerngedanke der antiken Tragödie, der Kern der antiken Tragik ist der gegen das Schicksal kämpfende Mensch. Er geht zugrunde, weil das Schicksal es so vorausbestimmt hat, aber sein Tod läutert ihn zugleich im Glauben an die Unantastbarkeit des allmächtigen Fatums, dem er unterliegen muß.
Im modernen Drama ist nicht mehr der Mensch, der gegen das Schicksal streitet, Mittelpunkt der dramatischen Auseinandersetzung, sondern der Mensch als Ergebnis seines Charakters, seiner Veranlagung, seiner Umgebung und Zeit. Er wird zur tragischen Gestalt. Diese grundsätzliche Wandlung der Tragik bringt völlige Abkehr von antiken Vorstellungen. Kern der Tragik ist nicht mehr der gegen das Schicksal kämpfende Mensch, sondern das Einzelwesen schlechthin, das Individuum. Es steht im Drama des deutschen Klassizismus einer höheren Weltordnung, einer zeitlichen Idee gegenüber und sein dramatischer Konflikt ist eingebettet in ein seelisch-sittliches Welterlebnis. Im Drama Shakespeares jedoch - und hier liegt der grundlegende Unterschied - steht der Mensch dem Menschen gegenüber, der Mensch als Individuum dem Menschen als Individuum, und keine Gottheit ist da, wie in der Antike, zu richten und zu strafen und keine sittliche Weltordnung wie im Drama des deutschen Klassizismus. Der Mensch allein steht im Mittelpunkt alles Geschehens, der Mensch allein in furchtbarer Einsamkeit und Größe, nur beherrscht von der unbeugsamen Leidenschaft des Charakters, die sein Schicksal wird. In Shakespeares Dramen erleben wir die Erhabenheit des menschlichen Willens, der sich zu einer Maßlosigkeit steigert, in der die Seele sich selbst zerstört.

Menschliche Größe als Verhängnis, Unbeugsamkeit des Willens als Notwendigkeit des Unterganges - das ist der Inhalt Shakespear'scher Tragödien. Was ein Kleiner tun könnte, kann der Held Shakespearscher Dramen nicht tun. Er muß so sein, er kann sich nicht entfliehen (Hamlet, Macbeth, Othello, Coriolan).
In der Richtung seiner stärksten Kraft taumelt der Mensch in den Untergang, er, der die Welt bessern will und die Gerechtigkeit in sie einführen will. Brutus will das Beste und bringt Elend über sein Land; Hamlet schreckt vor Rache zurück und wird erst recht in Blutschuld verstrickt; Lear, der seine königliche Seele behaupten will, muß im Wahnsinn zerbrechen; Othello strebt nach Ehre und Gerechtigkeit und mordet die Unschuld; Romeo und Julia müssen an ihrer Liebe sterben. Eine Welt, die zum Guten strebt, aber mit dem Guten zugleich das Übel hervorbringt, das nur durch den Untergang auch des Guten zugleich überwunden wird.
Es kennzeichnet die Größe Shakespears, daß er weder eine Lösung gibt noch die Richtung anzeigt, in der sie zu suchen ist. Sein Drama stellt den Konflikt an sich dar, den Konflikt um des Konfliktes willen, und wie das Leben selbst keine Lösung der Gegensätze kennt, ist auch Shakespeares Drama ein Spiel, das seinen Sinn in sich selber trägt und nicht - ganz im Gegensatz zur antiken Tragödie und zum Drama des deutschen Klassizismus - über sich selber hinausweist.
Es stellt die Eigengesetzlichkeit eines besonderen individuellen Falles dar und steht jeder verallgemeinernden Dogmatik fern. In der tiefen Ehrfurcht vor dem Recht und der wunderbaren Macht alles Seienden und Wirklichen, steht es jenseits von Gut und Böse.

6. VON SHAKESPEARE ZU BRECHT

Dichterische Gestaltungen des Cäsar-Stoffes

6.1 THORNTON WILDER: DIE IDEN DES MÄRZ (1948)

Thornton Wilders Werk "Die Iden des März" ist in vier Bücher eingeteilt, die die letzten Monate Cäsars und seine Ermordung beschreiben. Es ist eine Sammlung fiktiver Briefe, Berichte, Notizen und Dokumente, die der historischen Wirklichkeit und dem Stil der Zeit nachempfunden sind, trotz aller Anachronismen verblüffend echt wirken und die Zeit Cäsars heraufbeschwören.

Buch 1 schildert den September des Jahres 45 v. Chr. In Buch 2 wird von den Geschehnissen der Monate August, September und Oktober 45 berichtet; Buch 3 umfaßt die Zeit von Anfang August bis Mitte Dezember 45; Buch 4 die Zeit vom 8. August bis zum 15. März 44 v. Chr., dem Tag der Ermordung Cäsars.

Buch 1 berichtet von Cäsars Auflehnung gegen den althergebrachten Aberglauben. Denn durch diesen Aberglauben ist er, der junge, energische Diktator, nicht frei. Gleich zu Anfang heißt es in dem ersten Tagebuchbrief an Turrinus, einem von Wilder erfundenen Briefempfänger: "Ich regiere unzählige Menschen, muß aber anerkennen, daß ich von Vögeln und Donnerschlägen regiert werde." Das heißt, von einem erstickenden Aberglauben, der in den Eingeweiden von Vögeln, ihren Freßgewohnheiten, ihren Flügeln und in Gewittern täglich Anzeichen von Gunst oder Ungunst des Schicksals oder der Götter erblickt und vor allem das öffentliche Leben behindert. Der Diktator versucht dieses Unwesen einzudämmen; am liebsten würde er es ganz abschaffen, und in diesem Zusammenhang kommt er alsbald zu der Kardinalfrage: "Was ist zu tun?" Cäsar erwägt die "Abschaffung" der Götter. Er verfaßt tatsächlich ein Edikt hierüber, welches er aber bald darauf wieder verwirft.

Cäsar wird von Clodia Pulcher eingeladen, einer schönen, hemmungslosen Römerin, deren zerstörende Liebe dem Dichter Catull gilt und die aus Haßliebe gegen Cäsar intrigiert. Zuerst lehnt es Cäsar ab, ihrer Einladung Folge zu leisten, begibt sich aber schließlich doch zu ihr. Auf dem Wege zu Clodias Haus wird ein Attentat auf Cäsar unternommen, das seine Ursache in den konspiratorischen Bestrebungen Clodia Pulchers und ihres Bruders hat. Nichtsdestoweniger nimmt Cäsar an Clodia Pulchers Fest teil, bekommt aber auf diesem Fest einen epileptischen Anfall und wird von seinen Freunden nach Hause gebracht.

Das zweite Buch berichtet von der Reise Kleopatras nach Rom im Jahre 45. Cäsar kann es gar nicht erwarten, seine geliebte "Krokodidja" wiederzusehen. Er sendet ihr Pelze, damit sie sich ja nicht erkälten möge. Aber er verbietet ihr, bei ihrem Besuch Kinder unter sechs Jahren mitzubringen; er ist nämlich der Vater eines fünfjährigen Kindes, das Kleopatra gebar. Diese kommt mit ihrem Gefolge nach Rom, um ihren und Cäsars Sohn Cäsarion legitimieren zu lassen und Cäsar politisch zu beeinflussen. Am Ende des zweiten Buches wird vom Tod des von Cäsar sehr verehrten Dichters Catull berichtet. Cäsar eilt an Catulls Totenbett, obwohl Catull ihn haßt und zu den Verschwörern gegen Cäsar gehört.

Das dritte Buch handelt vornehmlich von der Religion. Cäsar möchte, wie er sich ausdrückt, "gewisse Elemente uralter und barbarischer Derbheit", die in den Riten und den Zeremonien zur Feier der guten Göttin enthalten sind, beseitigen.

Am 17. August 45 erhält Cäsar ein Gesuch Kleopatras, in dem sie ihn bittet, den Riten zur Feier der guten Göttin beiwohnen zu dürfen. Diese Erlaubnis wird ihr erteilt. Das dritte Buch endet mit einem Skandal, den Kleopatra verschuldet hat. Sie hat durch ihre Spione erfahren, daß Clodia Pulcher *zwei* Gewänder und Turbane für die Zeremonien zur Feier der guten Göttin hat anfertigen lassen. Clodia beabsichtigte nämlich, in das eine ihren Bruder zu kleiden, um ihm so die Teilnahme an dem Ritual zu ermöglichen, dem sonst nur Frauen beiwohnen dürfen. Dieses teilt Kleopatra Cäsar mit. Darauf wird Clodias Bruder Publius entdeckt und fürchterlich von den Frauen verprügelt. Dann wird er vor Gericht gestellt. Seltsam ist, daß Cäsar, obwohl er Pontifex Maximus ist, mit diesem Prozeß nichts zu tun haben will. Das Volk zweifelt nicht daran, daß die Frau des Diktators in dem Skandal mitgewirkt hat. Da Pompeia als Clodias Freundin unter dem Verdacht der Mitwisserschaft steht, läßt Cäsar sich von ihr scheiden; sie hat seiner Stellung als Oberhaupt der Staatsreligion einen heftigen Stoß versetzt.

Viertes Buch (8. August 45-15. März 44 v. Chr.):

Servilia, die Mutter des Markus Brutus, bittet ihren in Gallien weilenden Sohn, nach Rom zurückzukehren und Cäsar zu ermorden. Brutus weigert sich, doch Cäsar selbst ruft ihn ins Amt eines Prätors und stellt ihm seine Nachfolge in Aussicht; Brutus nimmt die Prätur an und lehnt die Nachfolge ab. Bei Catull findet man Flugblätter vom "Rat der Zwanzig", er gibt später zu, sie selbst verfaßt zu haben. Des Brutus Gattin Porzia verbietet ihrer Schwiegermutter, die den Sohn weiter zum Tyrannenmord auffordert, das Haus. Catull stirbt, nach Meinung seiner Freunde, am Schmerz seiner Liebe zu Clodia, die ihn noch in den letzten Stunden quält.

Nach Cäsars Scheidung von Pompeia erwartet das Volk seine Heirat mit Kleopatra, doch seit dem Fest in ihrem Garten ist Cäsar mißtrauisch; er nimmt die junge Calpurnia zur Frau. Kleopatra aber erfährt durch ihre Kundschafter von der Verschwörung gegen Cäsar und läßt ihn warnen; sogar Clodia überwindet sich, den Diktator verschleiert aufzusuchen, um ihn auf geplante Anschläge hinzuweisen und ihm zu sagen, daß sie und ihre Bruder nicht daran beteiligt seien. Cäsar ist unsicher geworden. In einem Brief an Turrinus wehrt er sich gegen die Anschuldigung, er sei ein Feind der Freiheit. Trotz aller Warnung will Cäsar am 17. März nach Brundisium aufbrechen; ein Brief Calpurnias an ihre Schwester berichtet von ihren bösen Ahnungen.

Das Buch schließt mit einem Zitat aus Suetons "Leben der Cäsaren" über den Tod Cäsars: "Da er sah, daß er von gezückten Dolchen ganz umringt war, hüllte er sein Gesicht in die Toga und zog zugleich deren Falten mit der Linken auf die Füße hinab, damit, wenn er fiele, der untere Teil seines Körpers schicklich bedeckt wäre. Auf diese Weise empfing er dreiundzwanzig Wunden . . ."

6.2 BERTOLT BRECHT: DIE GESCHÄFTE DES HERRN JULIUS CÄSAR (1949)

Nachgelassene Aufzeichnungen eines ehemaligen Sklaven Julius Cäsars will ein junger römischer Schriftsteller dazu benutzen, um eine Biographie des Diktators zu schreiben.
Die Aufzeichnungen des Sklaven Rarus beginnen nach Beendigung des siegreichen Krieges im Osten unter Pompejus im Jahre 691 ab urbe condita (64 v. Chr.). Durch die Einfuhr vieler Sklaven nach Rom entsteht ein Überangebot von Arbeitskräften. Viele römische Bürger werden arbeitslos; die Handwerker erhalten keine Rüstungsaufträge mehr; die finanzielle Lage verschlechtert sich zusehends.
Selbst Cäsar, der gerade Pontifex Maximus geworden ist (63 v. Chr.), hat Schulden, die er durch dunkle politische Geschäfte zu verringern sucht.
Die Unzufriedenheit der Bevölkerung wächst. Catilina will die Lage des Volkes verbessern; Cäsar sympathisiert anfangs mit der Verschwörergruppe, zieht sich aber, als Catilina zum Feind erklärt wird, rechtzeitig zurück. Er versteht es, die Zeichen der Zeit zu lesen und sichert sich das Amt des Prätors. Cäsar ist ein Opportunist. Als Oberster Richter nutzt er seine Befugnisse aus, um sich selbst von dem Verdacht zu reinigen, er habe mit den Verschwörern zusammengearbeitet, und entzieht sich den Angriffen des alten Cato. Kraft seines Amtes gewinnt er den reichen Crassus dazu, ihm wieder ein wenig aus seinen Verschuldungen herauszuhelfen. Rarus stellt fest: "Bei all seinen glänzenden Fähigkeiten ist Cäsar kein Politiker großen Formats."

Im Jahre 694 a. u. c. (61 v. Chr.) wird Cäsar die Statthalterschaft in Spanien übertragen. Er söhnt die beiden mächtigsten Männer Roms, Pompejus und Crassus miteinander aus, gibt seine Tochter Julia Pompejus zur Frau und gewinnt so die Möglichkeit, in das Konsulat zu kommen. Er ist der einzige Kandidat der demokratischen Partei, deren Wahlparole lautet: "Demokratie ist Friede". Damit brechen die Aufzeichnungen des Rarus ab. -
Im Jahre 696 a. u. c. (59 v. Chr.) wurde Cäsar Konsul.

6.3 VERGLEICH DER WERKE

Shakespeares Tragödie *"Julius Cäsar"* entstand 1599. Die Darstellung des Dichters folgt im wesentlichen den historischen Vorgängen, gibt sie aber in starker zeitlicher Verkürzung. Shakespeare schildert die Zeit seit der Verschwörung gegen Cäsar, dann dessen Ermordung an den Iden des März im Jahre 44 v. Chr. und schließlich den Bürgerkrieg, der mit den Niederlagen des Cassius und Brutus bei Philippi gegen das Triumvirat des Antonius, Octavius und Lepidus endet.
Die Tragödie Cäsars liegt darin, daß er zu seiner Stunde der einzig richtige Mann für Rom war und dennoch unter im Grunde edlen, aber unzeitgemäßen Gründen den Dolchen der Verschwörer zum Opfer fiel.Als Opfer will Brutus auch die Mordtat gedeutet wissen, aber die Geschichte war über die Freiheit, der dieses Opfer gebracht wurde, längst hinweggeschritten: sie stand im Zeichen Julius Cäsars.
Brutus Tragik war, daß er in einer Zeit der allgemeinen Erschütterung das Ideal, die Wiederherstellung der republikanischen Freiheit verwirklichen wollte, als die römische Welt bereits anders geworden war. So wurde sein Leben Leiden, ein Leben, das zur Tat gedrängt wurde und doch fühlte, daß es dabei die innere Sicherheit verlor.
Das Einmalige an dieser Tragödie ist, daß es keine Auseinandersetzung zwischen Gut und Böse gibt. Zwei Welten stehen einander

gegenüber, die in einem Kampf auf Leben und Tod verstrickt werden: die der politischen Realität und des politischen Ideals. Beide sind einander gleichberechtigt, keine von beiden darf deshalb ganz untergehen. Es gelingt den Verschwörern zwar, Cäsar zu töten, aber ihre Dolche treffen nur die zufällige Erscheinung eines Menschen, der gleich darauf in einem anderen neuersteht. Cäsar ist für Shakespeare die Verkörperung des Königtums, wie er es sich aus dem Geist seiner Zeit heraus nicht anders vorstellen konnte. Von diesem Gesichtspunkt aus muß jedes Wort verstanden werden, das Cäsar über sich selbst spricht: "Wißt! Cäsar tut kein Unrecht." Dieser Satz steht genau so oder ähnlich formuliert in der Verfassung jeder Monarchie (The king can do no wrong). So ist es für Shakespeare auch nur natürlich, daß Kometen und schreckliche Himmelszeichen Cäsars Tod ankündigen, daß die Natur dem Aufruhr in der Menschenwelt entsprechend gleichfalls rebellisch wird. Der Mensch Cäsar konnte der Verschwörung zum Opfer fallen, sein Geist überlebte sie. Es ist einer der feinsten Züge, daß Shakespeare im zweiten Teil des Werkes Cäsars Geist erscheinen läßt. Ebenso aber überlebt den Menschen Brutus die Heiligkeit und Würde seines politischen Ideals. Einer ist des anderen wert. Die Ideale sind durch den Untergang ihrer Träger nicht entwertet, sie leben weiter, wenn auch die Realität notwendigerweise über sie hinweggeht.

Shakespeare wollte nicht, obwohl er sich weitgehend an seine Quelle Plutarch hält, die Geschichte wiederholen. Er distanziert sich mehrfach vom historischen Stoff, um eine eigene Deutung zu geben. Sein Drama ist ebenso wie der spätere Roman Thornton Wilders voll von Anachronismen. Shakespeares Römer sehen in ihren Hüten und Wämsern wie die Zeitgenossen des Dichters aus; eine mechanische Uhr - erst im 13. Jahrhundert erfunden - gibt bereits 44 v. Chr. die Stunden nach moderner Zählung an; Brutus liest in einem Buch statt in einer Pergamentrolle, Cäsar ruht in einem Sarg statt auf einer Bahre. Vor allem aber hat Shakespeare zeitlich und räumlich weit auseinanderliegende Geschehnisse zusammengezogen und in äußerster Konzentration dargestellt; die

Freiheit der Darstellung ist dem Dichter wichtiger als historische Tatsachentreue. Goethe meint hierzu: "Shakespeare hat bei seinen Stücken schwerlich daran gedacht, daß sie als gedruckte Buchstaben vorliegen würden, die man überzählen und gegeneinander vergleichen und berechnen möchte; vielmehr hatte er die Bühne vor Augen, als er schrieb; er sah seine Stücke als ein Bewegliches, Lebendiges an, das von den Brettern herab den Augen und Ohren rasch vorüberfließen würde, daß man nicht festhalten und im einzelnen bekritteln könnte, und wobei es bloß darauf ankam, immer nur im gegenwärtigen Moment wirksam zu sein . . . Ja, Shakespeare geht noch weiter und macht seine Römer zu Engländern, und zwar wieder mit Recht, denn sonst hätte ihn seine Nation nicht verstanden."

Thornton Wilder präsentiert uns in den *"Iden des März"* das antike Rom zur Zeit Cäsars in fiktiven Dokumenten: in Briefen, Geheimberichten, Anweisungen an Bedienstete, Tagebuchblättern. Zu den Schreibern und Empfängern solcher Mitteilungen gehören Cicero, Kleopatra, Cornelius Nepos, Cäsars Frau Pompeia, seine Tante Julia Marcia, die Witwe des Marius und andere, z. T. erfundene Personen; im Mittelpunkt aber stehen Cäsar, der Dichter Catull und die schöne und intelligente Clodia, deren Ausschweifungen die römische Gesellschaft mit dem nötigen Klatschstoff versorgen.

Das Werk ist aber kein Briefroman; es hat überhaupt keine Handlung im üblichen Sinne, es ist nicht, linear mit dem Rückgrat der Zeit, auf einer kausalen zeitlichen Folge von Ereignissen aufgebaut, eher in vier konzentrische Kreise, in vier Bücher aufgeteilt, die alle dieselbe Zeit durchlaufen.

Diese originelle Technik läßt sich auch einer musikalischen Komposition, den vier Sätzen einer Sinfonie, vergleichen. Die Themen - Liebe, Religion, Schicksal - variiert Wilder, indem er sie in ihren verschiedenen Perspektiven zeigt, sie kontrapunktiert und harmonisiert. Das Hauptthema schlägt Cäsar an, und die Durchführung dieses Themas in Cäsars geistigem Suchen, mehr als seine historische Rolle, macht ihn zur Zentralgestalt des Buches:

"Der Mensch - was ist das? Was wissen wir von ihm? Seine Götter, Freiheit, Geist, Liebe, Schicksal, Tod - was bedeuten sie?"

Wilder ist viel zu sehr Skeptiker und hat eine zu große Ehrfurcht vor den Geheimnissen des Lebens, um sich in die Position des Wissenden zu setzen. Er ist selbst ein Fragender. Er führt den Leser wie durch einen Saal voller Spiegel; die Wirklichkeit entsteht aus den vielen amüsanten und ernsthaften Dokumenten wie ein aus Facetten geworfenes schillerndes Bild, in dem sich die Vielfalt und Vieldeutigkeit des Lebens ausdrückt. Nur einen festen Turm in diesem Blinkfeuer gibt uns Wilder, in der Gestalt des wegen seiner Verstümmelung in völliger Zurückgezogenheit lebenden Lucius Mamilius Turrinus, mit dessen Namen er schon seine Funktion andeutet. An ihn schreiben seine Freunde (z. B. Cäsar, Clodia, Julia Marcia) mit der Aufrichtigkeit der Selbsterforschung ohne Einstellung auf den Empfänger, denn Turrinus ist absolutes Schweigen; er nimmt Anteil, aber er antwortet keinem. Eröffnen die Schreiber dem entrückten Turrinus ihr wahres Wesen, soweit es ihnen selber erkennbar ist, so zeigen sie den verschiedenen Personen ihrer unmittelbaren Umgebung verschiedene Bilder von sich: Kleopatra ist für die einen orientalische Despotin; für Cäsar Geliebte und staatsmännische Kollegin; der alten Dame Julia Marcia zeigt sie sich als liebende Mutter, die ihre Sorgen mit einer andern Frau bespricht; und Cäsar glaubt in ihr schließlich die "Mutter als Göttin" zu entdecken.
Die Personen des Buches sind durch ein verschlungenes Netz gegenseitiger Zu- und Abneigung miteinander verbunden. Ihre Äußerungen charakterisieren sie selber wie auch vor allem die Hauptgestalt des Buches, den Imperator Julius Cäsar. Wilders Cäsar ist ungleich diffiziler als der Cäsar William Shakespeares. Er ist nicht so sehr Staatsmann, sondern vor allem ein Mensch seiner Zeit, der sich mit allen Problemen befaßt, die diese Zeit bewegen. In seinem vorletzten Brief an Lucius Mamilius Turrinus, der vermut-

lich schon im März 44 geschrieben wurde, spricht Cäsar dann davon, daß die letzte geistige Freiheit dadurch bewahrt und garantiert sei, daß es im Gegensatz zu allem Physischen für den Geist im Guten wie im Bösen keine Grenzen gebe. Die Erkenntnis dieses Geheimnisses hindert ihn daran, summarische Urteile über das menschliche Dasein zu fällen und die Hoffnung auf die endgültige Erkenntnis aufrechtzuerhalten: "Where is an unknowable there is a promis."

Wilders Cäsar ist kein Handelnder, sondern Zuschauer; und eine gelassen kontemplative Haltung nimmt er auch seinen Gegnern gegenüber ein:"Es ist immer möglich, daß unter denen, die meinen Tod planen, ich einen Mann finde, der recht hat in Dingen, in denen ich unrecht habe." Er enthüllt sich als ein erstaunlich inaktiver, weil zweifelnder Anhänger der Prädestinationslehre, und er bezieht auch seinen Tod in seine Forschungen nach der Existenz der Götter ein. Er hat schon viele bessere Männer in der Welt gesehen, aber "noch keinen, der ein besserer Beherrscher Roms sein könnte".

Wilder sieht von einem sehr hohen Blickpunkt auf die Welt und ihre Geschöpfe herab, und seine Haltung ist die sanfte Ironie eines Weisen. "Die Iden des März" ist ein mit höchster sprachlicher Eleganz und Prägnanz geschriebenes Buch; die Briefe und Dokumente klingen, ohne die Requisiten historischer Kostümierung zu benutzen, wie gute Übertragungen lateinischer Prosa. Man könnte diesem Buch viele Absonderlichkeiten nachweisen, wenn man es nach den Maßstäben der üblichen Romanliteratur messen wollte. Seine kühne und eigenwillige Form aber setzt sich ihre eigenen Werte.

Mit ethischen, philosophischen und religiösen Fragen befaßt sich der Cäsar William Shakespeares kaum. Wilders Cäsar dagegen stellt die Frage: "Der Mensch - was ist das? Was wissen wir von ihm? Seine Götter, seine Freiheit, sein Geist, sein Lieben, sein Schicksal, sein Tod - was bedeuten sie?" Es kommt also Wilder mehr auf die innere Erfassung der Wesenheit Cäsars an als auf eine Darstellung seiner äußeren politischen Wirksamkeit. Daher auch der erste Satz des Vorwortes zu "Die Iden des März": "Historische Rekonstruktion ist nicht eine der Hauptabsichten dieses Werks. Man könnte es vielleicht eine Fantasie über gewisse Ereignisse und Personen aus den letzten Tagen der Römischen Republik nennen." Damit überwindet Thornton Wilder die strenge naturalistische Gebundenheit des rein historischen Romans oder Sachberichts zugunsten einer tieferen dichterischen Darstellung der Wahrheit. "Die zahlreichen bewußten Anachronismen und kühnen Umstellungen von Ereignissen und Personen, für die sich der Autor gleich von vornherein entschuldigt", schreibt Bernhard Rang, "rekonstruieren das Gewesene nicht historisch getreu, sondern stellen es in einen freieren Bezirk geistigen Eigenseins. Hier hebt sich das Historische in seiner bewußten und beabsichtigten Mythologisierung wie zugleich Entmythisierung im tieferen Sinne auf, und die verborgen gebliebene Wahrheit leuchtet aus der Wahrscheinlichkeit der "eingebildeten" Historie, der Verschmelzung von fiction und history beispielhaft und zunkunftweisend hervor. Wenn überhaupt, so kann und wird der historische Roman aus seiner Zwiespältigkeit nur durch einen solchen Sprung in das freie und doch gebundene Phantasiespiel befreit und in sich selbst überwunden werden."

* * *

In dem Romanfragment *"Die Geschäfte des Herrn Julius Cäsar"* schildert *Bertolt Brecht* nicht das vorchristliche Rom der glänzenden militärischen Siege und der altrömischen Tugendideale, sondern eine Stadt, deren Gesicht von Plebejern, ausgebeuteten Sklaven und hungernden Freigelassenen geprägt wird, in der die römischen Bürger, die sich stolz "Herren der Welt" nennen, ohne Brot und Arbeit sind. Hinter den kriegerischen Unternehmungen stehen die Interessen der großen römischen Bankhäuser und Senatoren, die sich mit asiatischen Schätzen die Taschen füllen. Auch Cäsar, der 23 Millionen Sesterzen Schulden sein eigen nennt, möchte teilhaben an den Gewinnen aus dem asiatischen Krieg. Mit sicherem

Instinkt schlägt er sich auf die Seite der "City", der Finanzmächte, die ihre Geschäfte unter dem Banner der Demokraten machen, und wendet sich gegen die berühmten 300 alteingesessenen Familien der Senatoren und Grundherren, was nicht heißt, daß er von dieser Seite kein Geld nähme. Denn Politik ist für ihn ein Geschäft, bei dem er bedenkenlos seine Gesinnung wie eine Ware verkauft, und das mit Erfolg, denn bald tritt er an die Spitze der demokratischen Partei und wirtschaftet bei der Verwaltung der spanischen Provinz soviel Geld heraus, daß er die ungeheuren Schulden abtragen und in großem Stil seine Wahl zum Konsul betreiben kann.

Cäsars märchenhafter Aufstieg zum ersten Manne Roms entpuppt sich unter dem unbestechlichen Blick Bertolt Brechts als eine Folge politischer Korruption vor dem Hintergrund sozialer Mißstände. Kein Wunder, daß im Laufe der sarkastischen Darstellung der Heldenglanz verbleicht, den Geschichte und Legende um das Bild Julius Cäsars gewoben haben.

Brecht behandelt den Cäsar-Stoff von einem rein soziologischen Standpunkt aus, er betrachtet die großen historischen Ereignisse aus der Sicht der "Sklavensprache". Darin liegt die Einseitigkeit seiner Darstellung. Selbst der Bertolt Brecht weltanschaulich und politisch nahestehende Literarhistoriker Hans Mayer muß zugeben, daß "die Beziehung des Schriftsteller Brecht zum eigentlich römischen und geschichtlichen Stoffbereich suspekt blieb, daß Rom ihm schließlich mehr Parabel als Historie war". Zwar hat sich Brecht bei der Niederschrift seines Cäsar-Romans mit der gesamten einschlägigen Cäsarliteratur, insbesondere mit Sallust befaßt und ganze Abschnitte aus dessen Werk entnommen, trotzdem aber ein Unbehagen während der Arbeit an dem Werk empfunden und es schließlich nicht vollendet. "Die Geschäfte des Herrn Julius Cäsar" - so urteilt Hermann Glaser - "ist ein antiheroistisches Aufklärungswerk der plattesten und vulgärsten Art und gewiß auch dem gebildeten Marxisten durchaus unwillkommen." Brecht, der seinen Cäsar in der Zeit vor der Übernahme des Konsulats als kleinen, gerissenen Machtpolitiker darstellt, der von anonymen kapitalistischen Gruppen, der "City", vorgeschoben und als Strohmann benutzt wird, scheiterte an dem Cäsarbild, das durch eine Jahrhunderte alte Tradition Gestalt gewonnen und wesensbestimmend geworden war. Er konnte Cäsar nicht, wie es bei dem weniger bekanten Lucullus der Fall war, für seine besonderen politischen und soziologischen Zwecke manipulieren.

7. LITERATURNACHWEIS

Wolfgang Clemen: Shakespeare heute. Die Zeit 17.4.1964

Max Deutschbein: Die kosmischen Mächte bei Shakespeare. Dortmund 1947

Elisabeth Frenzel: Caesar. In: Elisabeth Frenzel, Stoffe der Weltliteratur, Stuttgart 1963

Harley Granville-Barker: "Julius Caesar" - Der Aufbau des Stückes. In: Karl L. Klein (Hrsg.), Wege der Shakespeare-Forschung, Darmstadt 1971

Joseph Gregor: Shakespeare. München 1948

Friedrich Gundolf: Caesar in der deutschen Literatur, Berlin 1904

Friedrich Gundolf: Caesar im 19. Jahrhundert, Berlin 1926

Friedrich Gundolf: Shakespeare und der deutsche Geist, Bad Godesberg 1947

Friedrich Gundolf: Shakespeare, sein Leben und sein Werk. Berlin 1949

Hellmut Holthaus: Die Iden des März. Nordsee-Zeitung, September 1956

Theodor Kampfmann: Shakespeares "Julius Caesar" und "König Lear". Paderborn 1972

Jan Kott: Shakespeare heute. München 1964

Bernhard Kytzler: Shakespeare, "Julius Caesar", Dichtung und Wirklichkeit, Frankfurt a. M. 1963

Max Lüthi: Shakespeare. Bern-München 1964

Kenneth Muir - Samuel Schoenbaum: Shakespeare. Eine Einfüh-

rung. Stuttgart 1972
Paul Meißner: Gestaltung und Deutung des Tragischen bei Shakespeare. Shakespeare-Jahrbuch Bd. 80/81, Weimar 1946
Walter Naumann: Die Dramen Shakespeares. Darmstadt 1978
Jean Paris: Shakespeare (rowohlts monographien Bd. 2), Hamburg 1958
Wolfgang Riehle: Shakespeare, Julius Caesar. In: Dieter Mehl, Das englische Drama, Düsseldorf 1970
August Ruegg: Shakespeare. München/Basel 1953
Ernst Th. Sehrt: Shakespeare. Stuttgart 1958
Shakespeare-Handbuch. Die Zeit. - Der Mensch. - Das Werk. - Die Nachwelt. Hrsg. von Ina Schabert. Stuttgart 1972
Maria Wickert: Antikes Gedankengut in Shakespeares "Julius Caesar". Shakespeare Jahrbuch Bd. 82/83, Weimar 1948
Max J. Wolff; Shakespeare, der Dichter und sein Werk. München 1926

Caesar-Biographien:

Michael Grant: Caesar. Heyne-Biographie 35, München 1977
Eberhard Horst: Caesar. Düsseldorf 1982

Es ist Eberhard Horst gelungen, die gewaltige Gestalt Caesars ohne Pathos, ohne heldensüchtiges Tremolo im Ton, aber auch ohne Vulgärkumpanei (ein Mensch wie du und ich") nach Magazinart, nahezurücken und verstehbar zu machen. Dazu trägt wesentlich bei, daß er die vielgestaltige, vielschichtige Umwelt Caesars mit kräftigen Konturen und in satten Farben malt. Auch Nebenfiguren wie etwa Catilina und Dolabella gewinnen individuellen Umriß und Gegenwärtigkeit.

Die Porträtierung Ciceros ist meisterlich: ein eminent gescheiter, begabter, kultivierter Publizist und Redner, ein total unbegabter Politiker, ein Mann, der groß gewesen wäre, wenn ihn nicht eine unermeßliche Eitelkeit und die physische Ängstlichkeit der hochgezüchteten Intelligenzler daran gehindert hätten. Die Kapitel über die Eroberung Galliens, über den Bürgerkrieg, die Abschnitte über die Bewältigung dreier Meutereien - Caesar allein, als einzelner, waffenlos, zwingt Tausende von aufständischen Legionären in seinen Bann und verwandelt sie mit knappen Worten und Gesten in fast winselnd um Verzeihung bittende und auf neuen kriegerischen Einsatz drängende Gefolgsleute - sowie die Charakterisierung des Allherrschers in den letzten Monaten seines Lebens, in welcher Horst ihn gleichsam in einer innersten Zerreißprobe seiner Seele zeigt: nämlich zwischen dem tödlichen Sog "maßloser Macht" und dem immer noch in ihm vorhandenen und wirkenden gesunden Geist römischer Nüchternheit und Selbstdisziplin - das ist vortreffliche Erzählkunst.

Christian Meier: Caesar. München 1982
Großangelegte, bedeutende Caesar-Biographie, die vor allem das Problem der Größe Caesars behandelt.
Hans Oppermann: Julius Caesar. rowohlts bildmonographien Bd. 135, Hamburg 1979

Caesar-Romane:

Mirko Jelusich: Caesar. Berlin 1929
Thornton Wilder: Die Iden des März. Frankfurt a.M. 1948
Bertolt Brecht: Die Geschäfte des Herrn Julius Caesar. rowohlt Taschenbuch Nr. 639, Hamburg 1979

Wissenschaftliche Caesar-Darstellungen:

Theodor Mommsen: Gaius Julius Caesar. Ein vollendeter Staatsmann. Berlin 1940
Matthias Gelzer: Caesar. Der Politiker und Staatsmann. München 1941
Matthias Gelzer: Caesars weltgeschichtliche Leistung. Berlin 1941
Norbert-Walter Weismüller: Caesars Vorstellung von seiner Regierungsform. Idee und Wirklichkeit. Münster 1968
Detlef Rasmussen (Hrsg.): Caesar. Darmstadt 1974 (Wege der Forschung Bd. 43)
Wolfgang Will: Julius Caesar, eine Bilanz. Stuttgart 1992